Impressum
Verlag: BABADADA GmbH, Nedderfeld 112 , 22529 Hamburg
Geschäftsführer / Verlagsleitung: Harald Hof
Druck: Books on Demand GmbH, In de Tarpen 42, 22848 Norderstedt

Imprint
Publisher: BABADADA GmbH, Nedderfeld 112 , 22529 Hamburg, Germany
Managing Director / Publishing direction: Harald Hof
Print: Books on Demand GmbH, In de Tarpen 42, 22848 Norderstedt

AF234986

ໂຮງຮຽນ

l'école

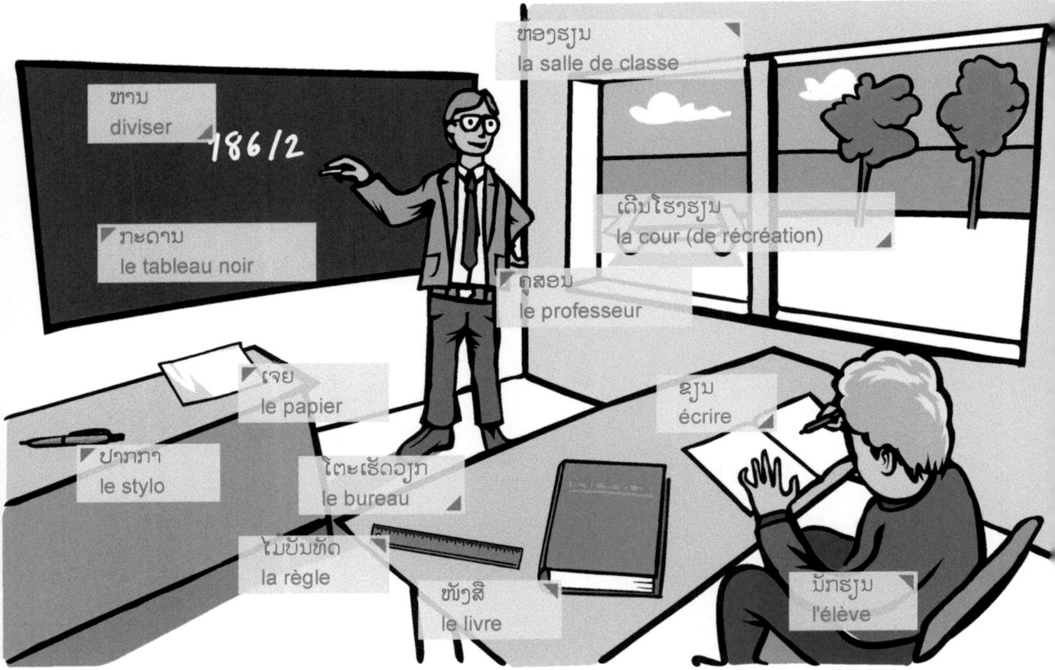
ຫ້ອງຮຽນ
la salle de classe
ຫານ
diviser
186/2
ກະດານ
le tableau noir
ເດີ່ນໂຮງຮຽນ
la cour (de récréation)
ຄູສອນ
le professeur
ເຈ້ຍ
le papier
ຂຽນ
écrire
ປາກກາ
le stylo
ໂຕະເຮັດວຽກ
le bureau
ໄມ້ບັນທັດ
la règle
ໜັງສື
le livre
ນັກຮຽນ
l'élève

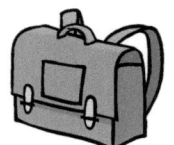

ກະເປົາໃສ່ປຶ້ມທີ່ມີສາຍພາຍ

le cartable

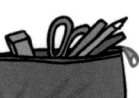

ກັບສໍດຳ

la trousse

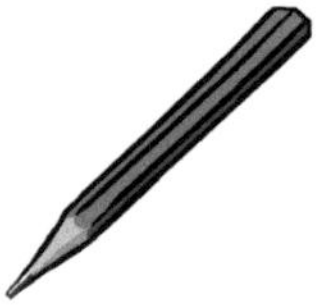

ສໍດຳ

le crayon

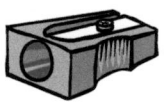

ເຄື່ອງແຫຼມສໍ

le taille-crayon

ຢາງລຶບ

la gomme

ສະໝຸດແຕ້ມຮູບ

le carnet à dessin

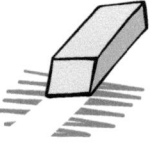

ພາບວາດ
le dessin

ແປງທາສີ
le pinceau

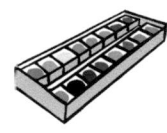

ກ່ອງສີ
la boîte de peinture

ມີດຕັດ
les ciseaux

ກາວ
la colle

ປຶ້ມເຝິກຫັດ
le cahier d'exercices

ວຽກບ້ານ
les devoirs

ຕົວເລກ
le chiffre

ບວກ
additionner

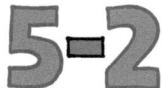

ລົບ
soustraire

ຄູນ
multiplier

ຄິດໄລ່
calculer

ຕົວອັກສອນ
la lettre

ພະຍັນຊະນະ
l'alphabet

ຄຳສັບ
le mot

ຂໍ້ຄວາມ

le texte

ອ່ານ

lire

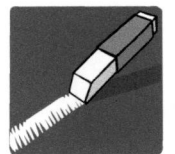

ສໍຂາວ

la craie

ບົດຮຽນ

la leçon

ຫົງຫະບຽນ

le livre de classe

ການສອບເສັງ

l'examen

ໃບຍັ້ງຢືນ

le certificat

ຊຸດນັກຮຽນ

l'uniforme scolaire

ການສຶກສາ

la formation

ປຶ້ມຮວບຮວມຄວາມຮູ້ສາລະພັດ

le lexique

ມະຫາວິທະຍາໄລ

l'université

ກ້ອງຈຸລະທັດ

le microscope

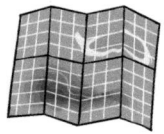

ແຜນທີ່

la carte

ກະຕ່າໃສ່ເສດເຈ້ຍ

la corbeille à papier

ການທ່ອງທ່ຽວ

le voyage

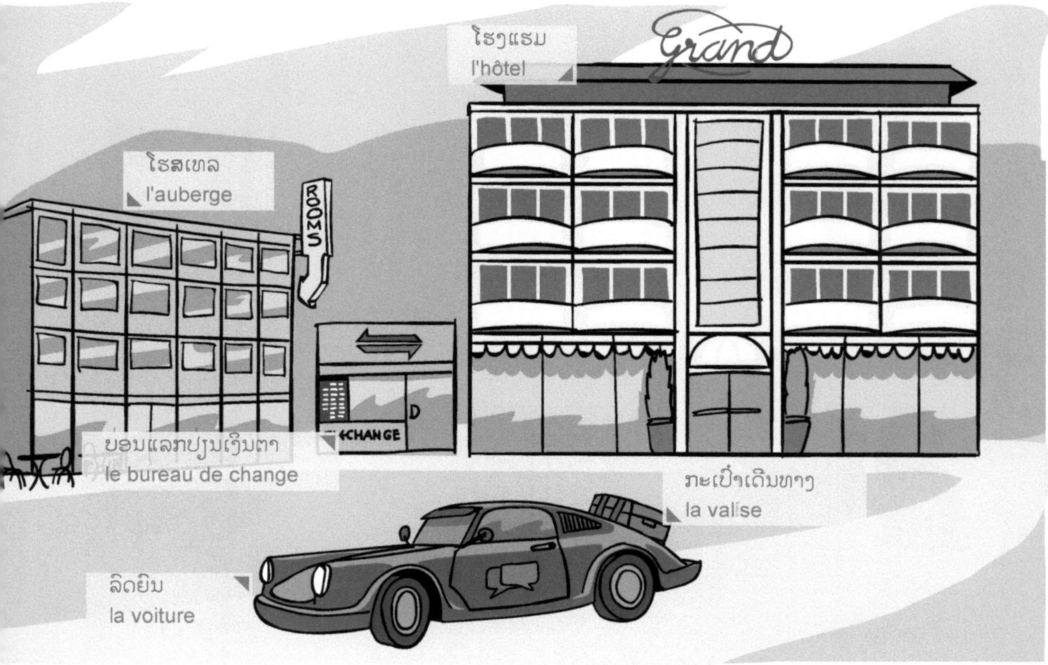

ໂຮງແຮມ
l'hôtel
Grand
ໂຮສເທລ
l'auberge
ROOMS
CHANGE
ບ່ອນແລກປ່ຽນເງິນຕາ
le bureau de change
ກະເປົາເດີນທາງ
la valise
ລົດຍົນ
la voiture

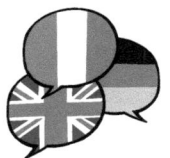

ພາສາ

la langue

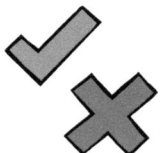

ແມ່ນ / ບໍ່ແມ່ນ

oui / non

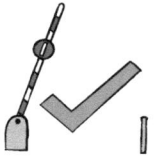

ຕົກລົງ

d'accord

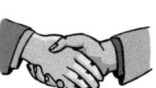

ສະບາຍດີ

Salut

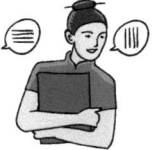

ນັກແປພາສາ

l'interprète

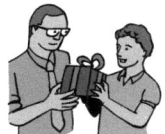

ຂອບໃຈ

merci

ລາຄາເທົ່າໃດ...?

Combien coûte...?

ຂ້ອຍບໍ່ເຂົ້າໃຈ

Je ne comprends pas

ບັນຫາ

le problème

ສະບາຍດີຕອນແລງ!

Bonsoir !

ສະບາຍດີຕອນເຊົ້າ!

Bonjour !

ລາຕິສະຫວັດ

Bonne nuit !

ລາກ່ອນ

Au revoir

ທິດທາງ

la direction

ກະເປົາເດີນທາງ

les bagages

ກະເປົາ

le sac

ກະເປົາພາຍຫຼັງ

le sac-à-dos

ແຂກ

l'hôte

ຫ້ອງ

la pièce

ຖົງໃສ່ເຄື່ອງນອນ

le sac de couchage

ເຕັ້ນ

la tente

ຂໍ້ມູນນັກທ່ອງທ່ຽວ

l'office de tourisme

ຊາຍຫາດ

la plage

ບັດເຄຣດິດ

la carte de crédit

ອາຫານເຊົ້າ

le petit-déjeuner

ອາຫານທ່ຽງ

le déjeuner

ອາຫານແລງ

le dîner

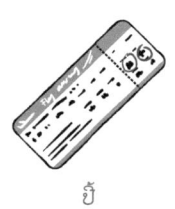

ປີ້

le billet

ລິຟ

l'ascenseur

ສະແຕມ

le timbre

ພົມແດນ

la frontière

ພາສີ

la douane

ສະຖານທູດ

l'ambassade

ວີຊາ

le visa

ໜັງສືຜ່ານແດນ

le passeport

ຂົນສົ່ງ

le transport

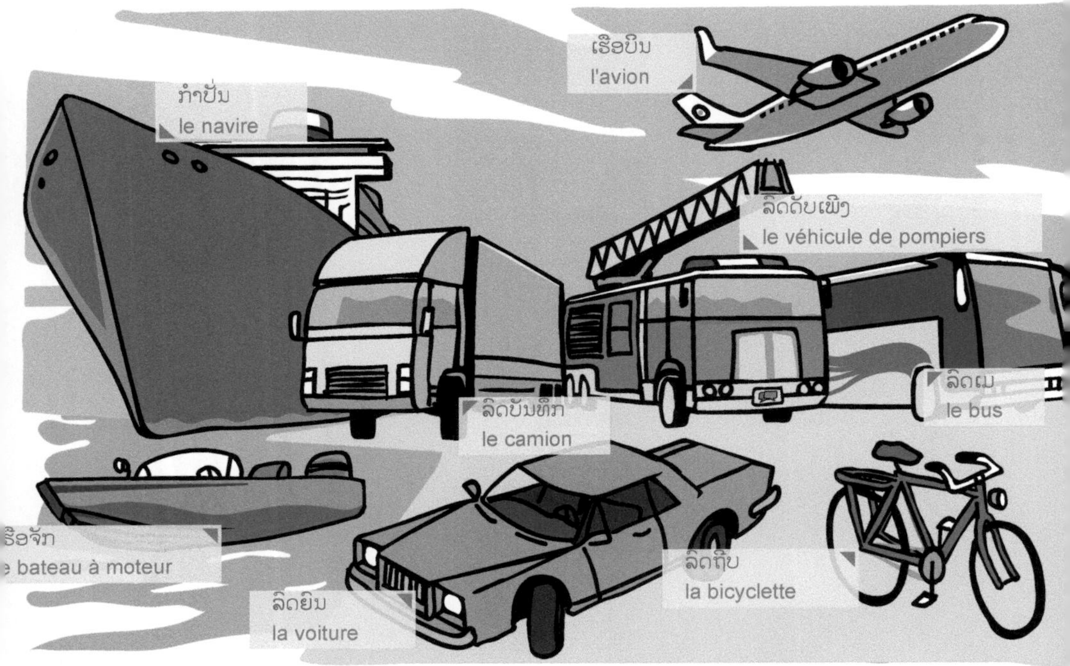
ເຮືອບິນ
l'avion
ກຳປັ່ນ
le navire
ລົດດັບເພີງ
le véhicule de pompiers
ລົດເມ
le bus
ລົດບັນທຸກ
le camion
ຮືອຈັກ
bateau à moteur
ລົດຖີບ
la bicyclette
ລົດຍົນ
la voiture

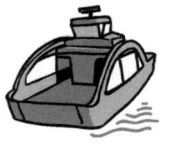

ເຮືອຂ້າມຟາກ

le ferry

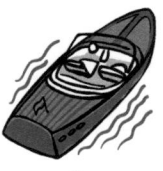

ເຮືອ

la barque

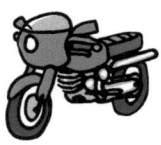

ລົດຈັກ

la moto

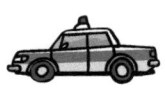

ລົດຕຳຫຼວດ

la voiture de police

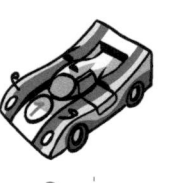

ລົດແຂ່ງ

la voiture de course

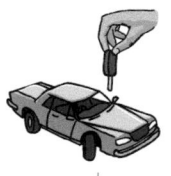

ລົດເຊົ່າ

la voiture de location

ການແບ່ງປັນກັນໃຊ້ລົດ

l'auto-partage

ລົດລາກ

la voiture de remorquage

ລົດຂົນຂີ້ເຫຍື້ອ

la benne à ordures

ເຄື່ອງຍົນ

le moteur

ເຊື້ອໄຟ

l'essence

ປັ້ມນ້ຳມັນ

la station d'essence

ປ້າຍຈາລະຈອນ

le panneau indicateur

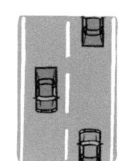

ການຈາລະຈອນ

le trafic

ການຈາລະຈອນຕິດຂັດ

l'embouteillage

ບ່ອນຈອດລົດ

le parking

ສະຖານີລົດໄຟ

la gare

ລາງລົດໄຟ

les rails

ລົດໄຟ

le train

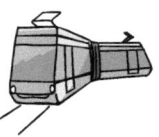

ລົດລາງ

le tramway

ຕູ້ລົດໄຟ

le wagon

ເຮລິຄອບເຕີ

l'hélicoptère

ສະໜາມບິນ

l'aéroport

ຫໍຄອຍ

la tour

ຜູ້ໂດຍສານ

le passager

ຕູ້ບັນຈຸສິນຄ້າ

le conteneur

ກ່ອງເຈ້ຍ

le carton

ກວຽນ

le chariot

ກະຕ່າ

la corbeille

ເຮືອບິນຂຶ້ນ / ເຮືອບິນລົງຈອດ

décoller / atterrir

ເມືອງ

la ville

ບ້ານ

le village

ໃຈກາງເມືອງ

le centre-ville

ເຮືອນ

la maison

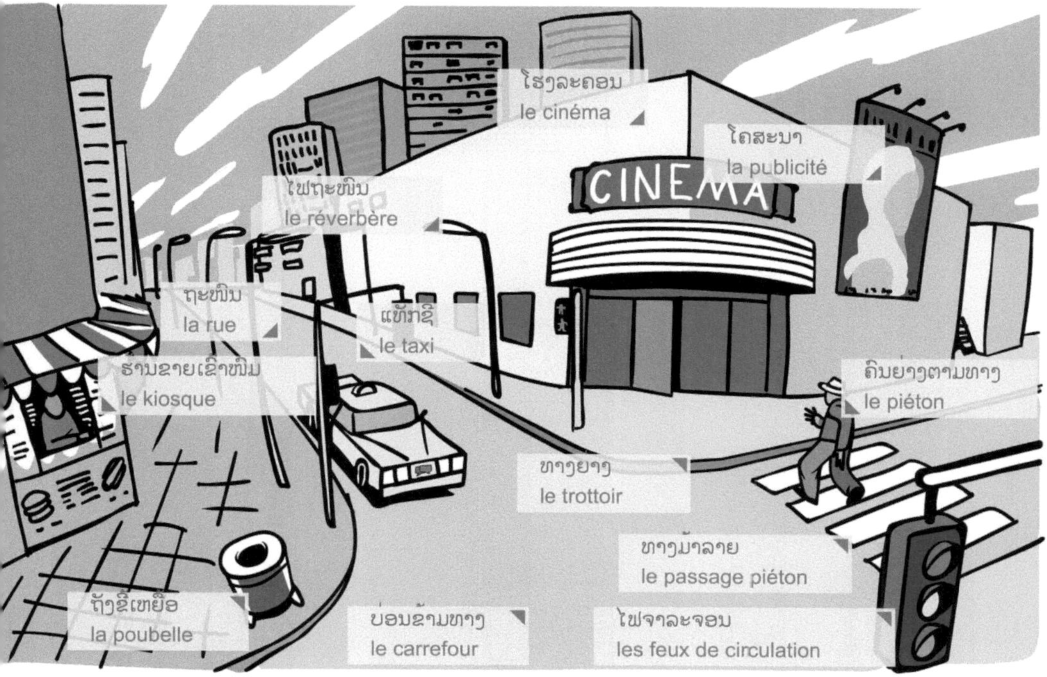

ໂຮງລະຄອນ
le cinéma
CINEMA
ໂຄສະນາ
la publicité
ໄຟຖະໜົນ
le réverbère
ຖະໜົນ
la rue
ແທັກຊີ
le taxi
ຮ້ານຂາຍເຂົ້າໜົມ
le kiosque
ຄົນຍ່າງຕາມທາງ
le piéton
ທາງຍ່າງ
le trottoir
ທາງມ້າລາຍ
le passage piéton
ຖັງຂີ້ເຫຍື້ອ
la poubelle
ບ່ອນຂ້າມທາງ
le carrefour
ໄຟຈາລະຈອນ
les feux de circulation

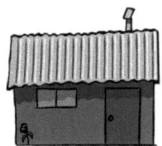

ຕູບ

la cabane

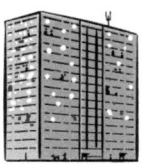

ແຟລດ

l'appartement

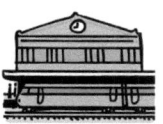

ສະຖານີລົດໄຟ

la gare

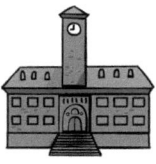

ໂຮງການເມືອງ

la mairie

MUSEUM

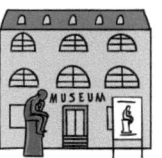

ຫໍພິພິດຕະພັນ

le musée

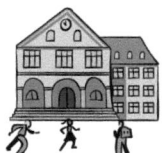

ໂຮງຮຽນ

l'école

ມະຫາວິທະຍາໄລ

l'université

ທະນາຄານ

la banque

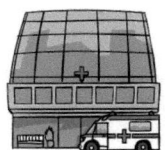

ໂຮງໝໍ

l'hôpital

ໂຮງແຮມ

l'hôtel

ຮ້ານຂາຍຢາ

la pharmacie

ຫ້ອງການ

le bureau

ຮ້ານຂາຍໜັງສື

la librairie

ຮ້ານຄ້າ

le magasin

ຮ້ານຂາຍດອກໄມ້

le fleuriste

ຮູບເປັ້ນມາກເກັດ

le supermarché

ຕະຫຼາດ

le marché

ຫ້າງສັບພະສິນຄ້າ

le grand magasin

ຮ້ານຂາຍປາ

la poissonnerie

ສູນການຄ້າ

le centre commercial

ທ່າເຮືອ

le port

ສວນສາທາລະນະ

le parc

ແປ້ນມ້າ

la banque

ຂົວ

le pont

ຂັ້ນໄດ

les escaliers

ລົດໄຟໃຕ້ດິນ

le métro

ອຸໂມງ

le tunnel

ປ້າຍລົດເມ

l'arrêt de bus

ຮ້ານຂາຍເຫຼົ້າ

le bar

ຮ້ານອາຫານ

le restaurant

ຕູ້ໄປສະນີ

la boîte à lettres

ປ້າຍຊີ້ຫຼະທິບ

le panneau indicateur

ມິເຕີເກັບຄ່າຝາກລົດ

le parcmètre

ສວນສັດ

le zoo

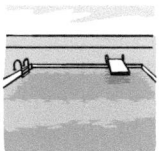

ສະລອຍນ້ຳ

le réverbère

ວັດມຸດສະລິມ

la mosquée

ຟາມ
la ferme

ມົນລະພິດ
la pollution

ສຸສານ
la cimetière

ໂບດ
l'église

ເດີ່ນຫຼິ້ນຂອງເດັກນ້ອຍ
l'aire de jeux

ວັດມຸດສະລິມ
le temple

ພູມິປະເທດ
le paysage

ໃບໄມ້
la feuille

ປ້າຍບອກທາງ
le panneau indicateur

ທາງ
le chemin

ທົ່ງຫຍ້າ
le pré

ກ້ອນຫິນ
la pierre

ຕົ້ນໄມ້
l'arbre

ນັກເດີນທາງໄກດ້ວຍການຍ່າງ
le randonneur

ແມ່ນ້ຳ
la rivière

ຫຍ້າ
l'herbe

ດອກໄມ້
la fleur

ຮ່ອມພູ

la vallée

ເນີນເຂົາ

la montagne

ທະເລສາບ

le lac

ປ່າ

la forêt

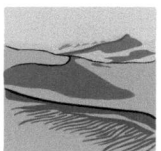

ທະເລຊາຍ

le désert

ພູເຂົາໄຟ

le volcan

ທຳປະສາດ

le château

ຮຸ້ງກິນນ້ຳ

l'arc-en-ciel

ເຫັດ

le champignon

ຕົ້ນປາມ

le palmier

ຍຸງ

le moustique

ແມງວັນ

la mouche

ມົດ

les fourmis

ເຜິ້ງ

l'abeille

ແມງມຸມ

l'araignée

ແມງປິກແຂງ
....
le coléoptère

ກົບ
....
la grenouille

ກະຮອກ
....
l'écureuil

ເໝັ້ນ
....
le hérisson

ກະຕ່າຍປ່າ
....
le lièvre

ນົກເຄົ້າ
....
la chouette

ນົກ
....
l'oiseau

ຫົງ
....
le cygne

ໝູປ່າຕົວຜູ້
....
le sanglier

ກວາງ
....
le cerf

ກວາງໃຫຍ່
....
l'élan

ເຂື່ອນ
....
le barrage

ໝາກປັ່ນ
....
l'éolienne

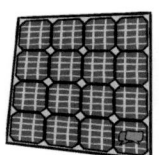

ແຜງໄຊລາເຊລ
....
le panneau solaire

ສະພາບອາກາດ
....
le climat

ຮານອາຫານ

le restaurant

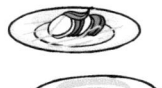

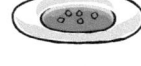

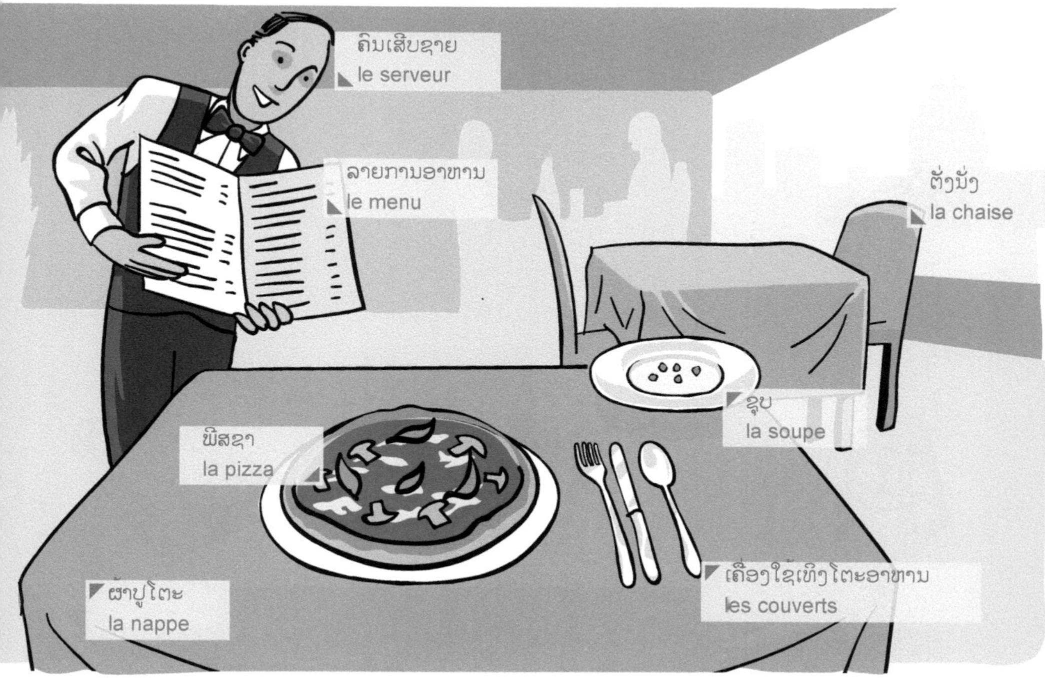
ຄົນເສີບຊາຍ
le serveur
ລາຍການອາຫານ
le menu
ຕັ່ງນັ່ງ
la chaise
ຊຸບ
la soupe
ພິສຊາ
la pizza
ເຄື່ອງໃຊ້ເທິງໂຕະອາຫານ
les couverts
ຜ້າປູໂຕະ
la nappe

ອາຫານເລີ່ມຕົ້ນ

les hors d'œuvre

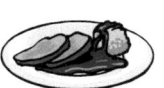

ອາຫານຈານຫຼັກ

le plat principal

ຂອງຫວານ

le dessert

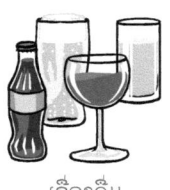

ເຄື່ອງດື່ມ

les boissons

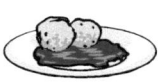

ອາຫານ

l'alimentation

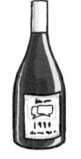

ຂວດແກ້ວ

la bouteille

ອາຫານຈານດ່ວນ

le fast-food

ຮ້ານຂ້າງທາງ

les plats à emporter

ເຕົ້ານ້ຳຊາ

la théière

ຖ້ວຍນ້ຳຕານ

le sucrier

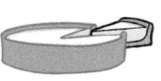

ສ່ວນແບ່ງໆອາຫານສຳລັບໜຶ່ງຄົນ

la portion

ເຄື່ອງຊົງກາເຟເອສເປຣສໂຊ

la machine à expresso

ເກົ້າອີ້ສູງ

la chaise haute

ໃບເກັບເງິນ

la facture

ຖາດ

le plateau

ມີດ

le couteau

ສ້ອມ

la fourchette

ບ່ວງ

la cuillère

ຊ້ອນຊາ

la cuillère à thé

ຜ້າເຊັດປາກຢູ່ໂຕະອາຫານ

la serviette

ຈອກແກ້ວ

le verre

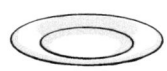

ຈານ

l'assiette

ຈານຊຸບ

l'assiette à soupe

ຈານຮອງ

la soucoupe

ຊອສ

la sauce

ກະປຸກເກືອ

la salière

ກະປຸກພິກໄທ

le moulin à poivre

ນ້ຳສົ້ມສາຍຊູ

le vinaigre

ນ້ຳມັນພືດ

l'huile

ເຄື່ອງເທດ

les épices

ຊອສໝາກເດັ່ນ

le ketchup

ຜັກຈຳພວກຜັກກາດ

la moutarde

ມາຍອນເນສ

la mayonnaise

ຊູບເປີມາກເກັດ
le supermarché

ຂໍ້ສະເໜີພິເສດ
l'offre promotionnelle
FOR
ລູກຄ້າ
le client
ຜະລິດຕະພັນທີ່ເຮັດຈາກນົມ
les produits laitiers
ໝາກໄມ້
les fruits
ລົດຊຸກ
le chariot

BUTCHERS

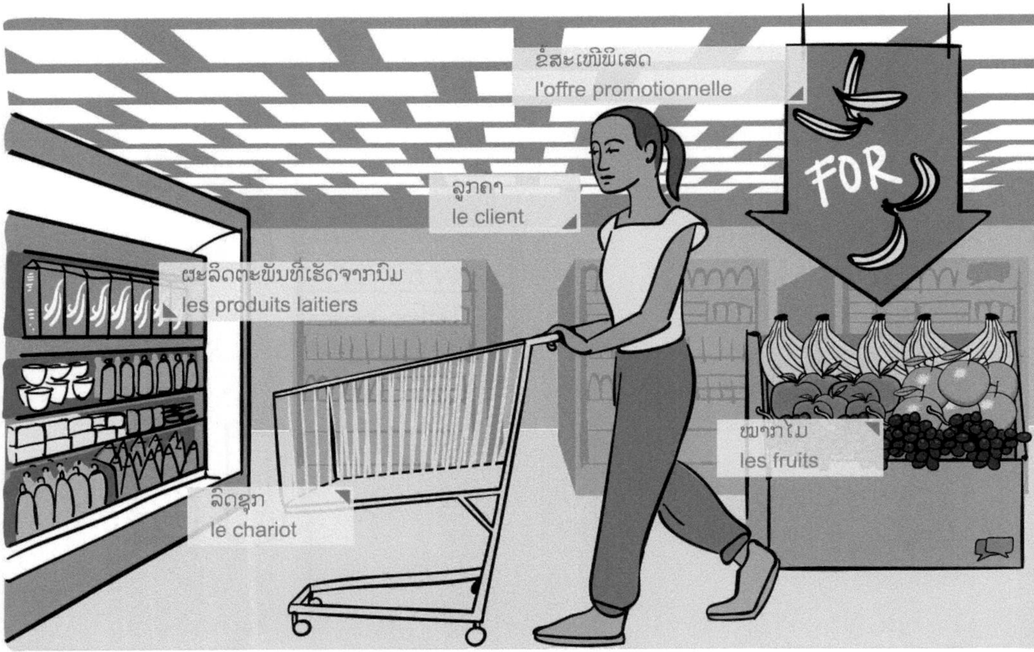

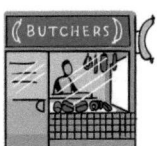

ຮ້ານຂາຍຊີ້ນ

la boucherie

BAKERY

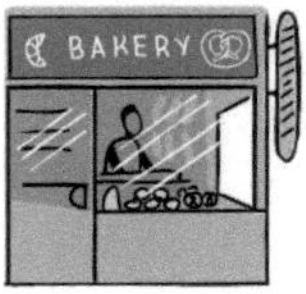

ຮ້ານຂາຍເຂົ້າໜົມປັງ

la boulangerie

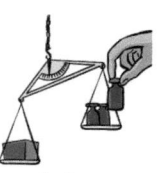

ຊັ່ງນ້ຳໜັກ

peser

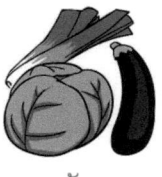

ຜັກ

les légumes

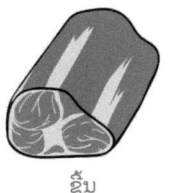

ຊີ້ນ

la viande

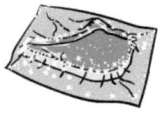

ອາຫານແຊ່ແຂງ

les aliments surgelés

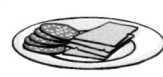

ຊີ້ນເຢັນ

la charcuterie

ອາຫານກະປ໋ອງ

les conserves

ແຜ່ນຊັກເຄື່ອງ

la poudre à lessive

ເຂົ້າໜົມທອານ

les bonbons

ຜະລິດຕະພັນໃນຄົວເຮືອນ

les articles ménagers

ຜະລິດຕະພັນທຳຄວາມສະອາດ

les détergents

ພະນັກງານຂາຍຍິງ

la vendeuse

ເຄື່ອງຄິດເງິນ

la caisse

ພະນັກງານເກັບສິດ

le caissier

ລາຍການຊື້ເຄື່ອງ

la liste d'achats

ເວລາເປີດເຮັດວຽກ

les heures d'ouverture

ກະເປົາເງິນ

le portefeuille

ບັດເຄຣດິດ

la carte de crédit

ຖົງ

le sac

ຖົງຢາງ

le sac en plastique

les boissons

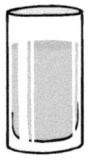

ນ້ຳ

l'eau

ນ້ຳໝາກໄມ້

le jus de fruit

ນົມ

le lait

ໂຄກ

le coca

ວາຍ

le vin

ເບຍ

la bière

ເຫຼົ້າ

l'alcool

ໂກໂກ້

le chocolat chaud

ຊາ

le thé

ກາເຟ

le café

ເອສເປຣສໂຊ

l'expresso

ຄາປູຊິໂນ

le cappuccino

ໝາກກ້ວຍ

la banane

ແອັບເປິ້ນ

la pomme

ໝາກກ້ຽງ

l'orange

ໝາກໂມ

le melon

ໝາກນາວ

le citron.

ທິ່ວກະຣິດ

la carotte

ຜັກທຽມ

l'ail

ຕົ້ນໄຜ່

le bambou

ຫອມບົ່ວ

l'oignon

ເຫັດ

le champignon

ຖົ່ວ

les noisettes

ເສັ້ນໝີ່

les pâtes

ສະປາແກັດຕີ້

les spaghetti

ເຂົ້າ

le riz

ສະຫຼັດ

la salade

ມັນຝຣັ່ງທອດ

les pommes frites

ມັນຝຣັ່ງທອດ

les pommes de terre rôties

ພິສຊາ

la pizza

ແຮມເບີເກີ້

le hamburger

ແຊນອິດຈ໌

le sandwich

ຊີ້ນຕິດກະດູກ

l'escalope

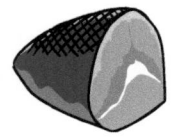

ແຮມ

le jambon

ໄສ້ກອກແຫ້ງຊາລາມິ

le salami

ໄສ້ກອກ

la saucisse

ໄກ່

le poulet

ຍ້າງ

le rôti

ປາ

le poisson

ເຂົ້າປຸກເຂົ້າໂອດ

les flocons d'avoine

ອາຫານຊະນິດເປັນເມັດກອບ

le muesli

ເຂົ້າຮວບເປັນປ່ຽນນ້ອຍໆ

les cornflakes

ເຂົ້າແປ້ງ

la farine

ເຂົ້າຈີ່ຊະນິດຫນຶ່ງມີຮູບເດືອນເຄິ່ງໜວຍ

le croissant

ເຂົ້າຫນົມປັງແບບມ້ວນ

les petits-pains

ເຂົ້າຫນົມປັງ

le pain

ເຂົ້າຫນົມປັງປິ້ງ

le pain grillé

ເຂົ້າຫນົມປັງຊະນິດກ້ອນນ້ອຍ

les biscuits

ເມີຍ

le beurre

ບ້າມິມແຂັນ

le fromage blanc

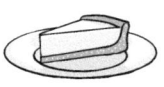

ເຄກ

le gâteau

ໄຂ່

l'œuf

ໄຂ່ດາວ

l'œuf au plat

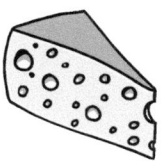

ເມີຍແຂງ

le fromage

ກະແລ້ມ

la glace

ນ້ຳຕານ

le sucre

ນ້ຳເຜິ້ງ

le miel

ແຍມ

la confiture

ຊ໊ອກໂກແລັດຄຣິມສະເປຣດ

la crème nougat

ກະລີ່

le curry

ຟາມ

la ferme

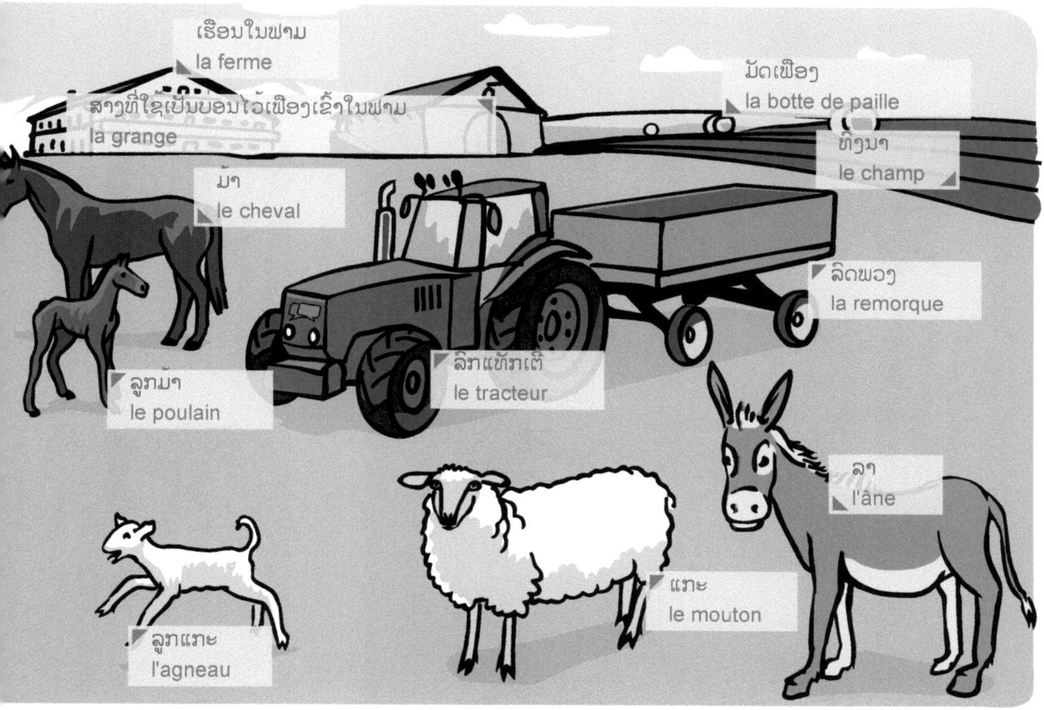

ເຮືອນໃນຟາມ
la ferme
ສາງທີ່ໃຊ້ເປັນບອນໄວ້ເຟືອງເຂົ້າໃນຟາມ
la grange
ມັດເຟືອງ
la botte de paille
ທົ່ງນາ
le champ
ມ້າ
le cheval
ລົດພ່ວງ
la remorque
ລູກມ້າ
le poulain
ລົດແທັກເຕີ
le tracteur
ລາ
l'âne
ແກະ
le mouton
ລູກແກະ
l'agneau

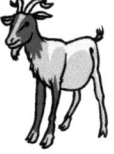

ແກະ

la chèvre

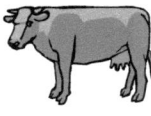

ງົວຕົວແມ່

la vache

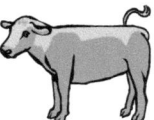

ລູກງົວ

le veau

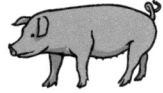

ໝູ

le porc

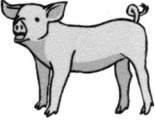

ລູກໝູ

le porcelet

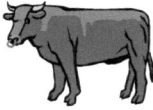

ງົວຕົວຜູ້

le taureau

ຫ່ານ

l'oie

ເປັດ

le canard

ລູກໄກ່

le poussin

ແມ່ໄກ່

la poule

ໄກ່ຜູ້

le coq

ຫນູ

le rat

ແມວ

le chat

ຫນູ

la souris

ງົວຕົວຜູ້

le bœuf

ຫມາ

le chien

ຄອກຫມາ

le chenil

ສາຍທໍ່ຢາງໆທີ່ໃຊ້ໃນສວນ

le tuyau de jardin

ຂີ້ອົດຫົດຕົ້ນໄມ້

l'arrosoir

ກ່ຽວດ້າມຍາວ

la faucheuse

ຄັນໄຖ

la charrue

ກ່ຽວ

la faucille

ຈົກ

la pioche

ຄາດ

la fourche

ຂວານ

la hache

ລົດຍູ້ລໍ້ດຽວ

la brouette

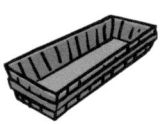

ທາງລົມ

la cuve

ປ່ອງນົມ

le pot à lait

ກະສອບ

le sac

ຮົ້ວ

la clôture

ຄອກມ້າ

l'étable

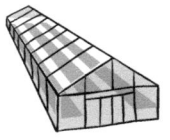

ເຮືອນກະຈົກ

le serre

ດິນ

le sol

ແກ່ນ

les semences

ປຸ໋ຍ

l'engrais

ເຄື່ອງກ່ຽວເຂົ້າ

la moissonneuse-batteuse

ເກັບກ່ຽວ

récolter

ການເກັບກ່ຽວ

la récolte

ເຜືອກ

l'igname

ເຂົ້າສາລີ

le blé

ຖົ່ວເຫຼືອງ

le soja

ມັນຝັ້ງ

la pomme de terre

ເຂົ້າໂພດ

le maïs

ດອກເຣພຊິດ

le colza

ຕົ້ນໄມ້ທີ່ອອກໝາກ

l'arbre fruitier

ມັນຕົ້ນ

le manioc

ພືດຊະນິດເມັດ

les céréales

ເຮືອນ

la maison

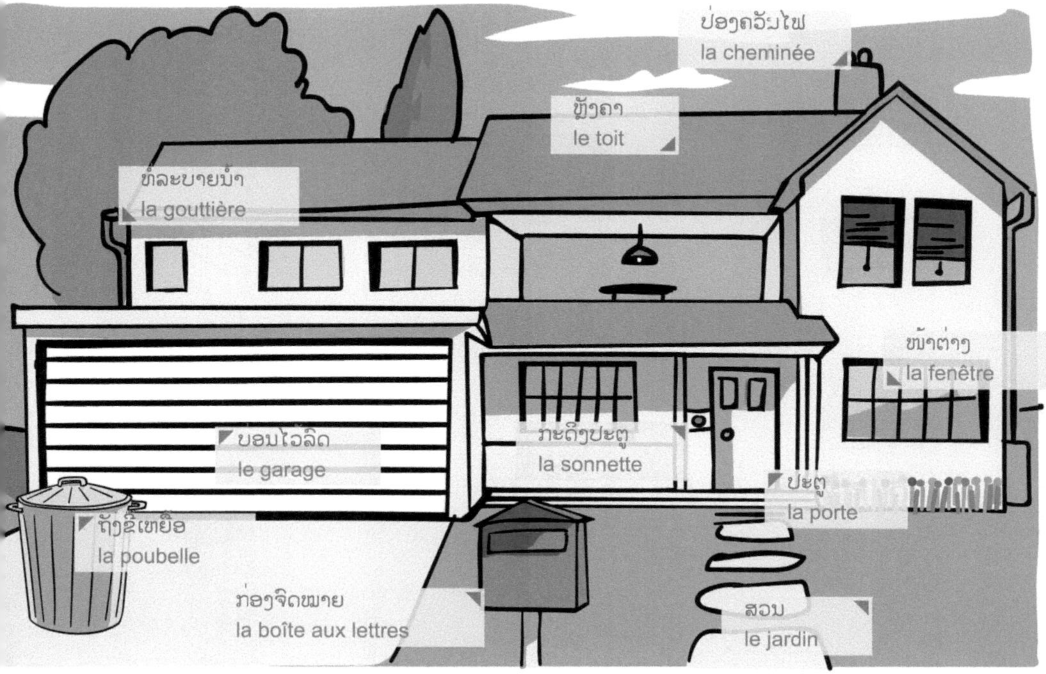

ປ່ອງຄວັນໄຟ
la cheminée
ຫຼັງຄາ
le toit
ທໍ່ລະບາຍນ້ຳ
la gouttière
ໜ້າຕ່າງ
la fenêtre
ບ່ອນໄວ້ລົດ
le garage
ກະດິ່ງປະຕູ
la sonnette
ປະຕູ
la porte
ຖັງຂີ້ເຫຍື້ອ
la poubelle
ກ່ອງຈິດໝາຍ
la boîte aux lettres
ສວນ
le jardin

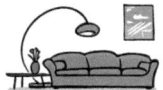

ຫ້ອງຮັບແຂກ

le salon

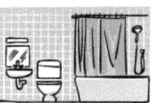

ຫ້ອງນ້ຳ

la salle de bain

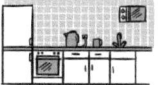

ຫ້ອງຄົວ

la cuisine

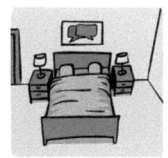

ຫ້ອງນອນ

la chambre à coucher

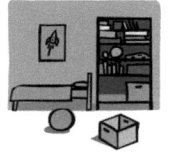

ຫ້ອງພັກສຳລັບເດັກນ້ອຍ

la chambre d'enfant

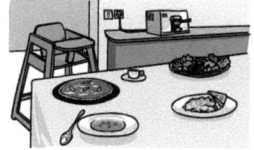

ຫ້ອງອາຫານ

la salle à manger

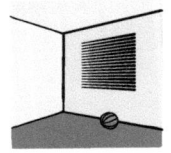

ພື້ນ

le sol

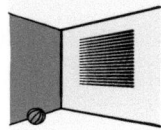

ຝາຜະໜັງ

le mur

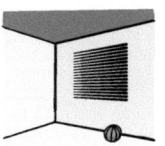

ເພດານ

le plafond

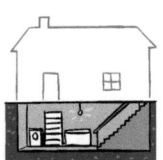

ຫ້ອງເກັບເຄື່ອງໃຕ້ດິນ

la cave

ຫ້ອງອົບອາຍນ້ຳ

le sauna

ລະບຽງ

le balcon

ຊຸ້ມຕາມຂ້າງຝູ

la terrasse

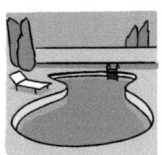

ສະລອຍນ້ຳ

la piscine

ເຄື່ອງຕັດຫຍ້າ

la tondeuse à gazon

ຜ້າປູບ່ອນນອນ

la housse

ຜ້າປູຕຽງ

la couette

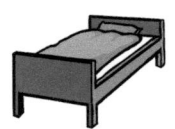

ຕຽງ

le lit

ຟອຍ

le balai

ຖຸ

le sceau

ສະວິດ

l'interrupteur

ຫ້ອງຮັບແຂກ

le salon

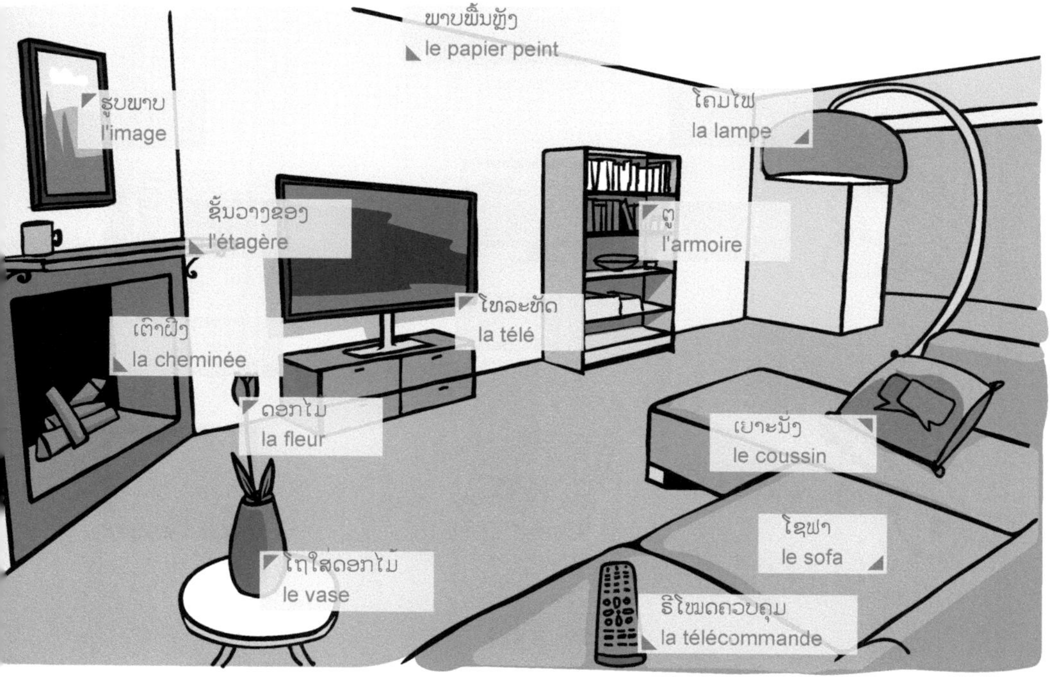
ພາບພື້ນຫຼັງ
le papier peint
ຮູບພາບ
l'image
ໂຄມໄຟ
la lampe
ຊັ້ນວາງຂອງ
l'étagère
ຕູ້
l'armoire
ໂທລະທັດ
la télé
ເຕົາຜີງ
la cheminée
ດອກໄມ້
la fleur
ເບາະນັ່ງ
le coussin
ໂຊຟາ
le sofa
ໂຖໃສ່ດອກໄມ້
le vase
ຣີໂໝດຄວບຄຸມ
la télécommande

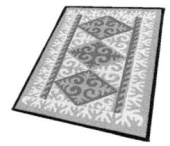

ພົມປູພື້ນ

le tapis

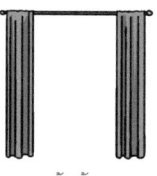

ຜ້າກັ້ງ

le rideau

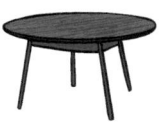

ໂຕະ

la table

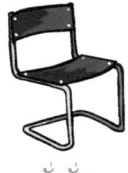

ຕັ່ງນັ່ງ

la chaise

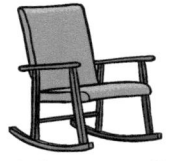

ຕັ່ງນັ່ງແບບໂຍກໄດ້

la chaise à bascule

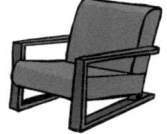

ຕັ່ງນັ່ງທີ່ມີບ່ອນວາງແຂນ

le fauteuil

ໜັງສື

le livre

ຜ້າຫົ່ມ

la couverture

ຂອງຕົບແຕ່ງ

la décoration

ຟືນ

le bois de chauffage

ຮູບເງົາ

le film

ເຄື່ອງສຽງລະບົບໄຮໄຟ

la chaîne hi-fi

ກະແຈ

la clé

ໜັງສືພິມ

le journal

ການແຕ້ມຮູບ

la peinture

ໂປສເຕີ

le poster

ວິທະຍຸ

la radio

ແຜ່ນບັນທຶກ

le bloc-notes

ເຄື່ອງດູດຝຸ່ນ

l'aspirateur

ຕົ້ນກະບອງເພັດ

le cactus

ທຽນໄຂ

la bougie

la cuisine

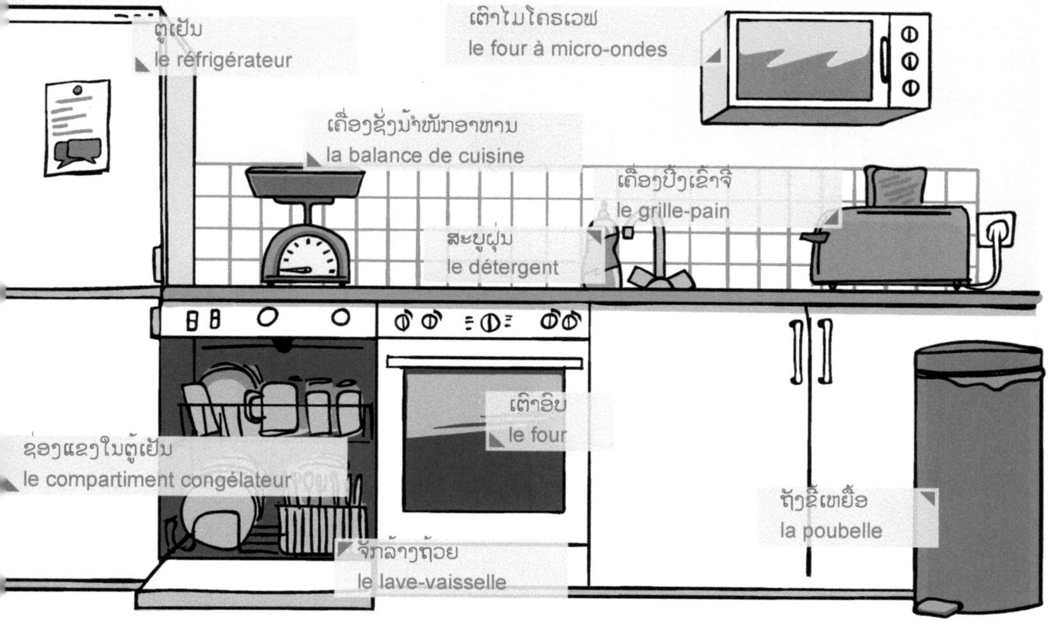
ຕູ້ເຢັນ
le réfrigérateur
ເຕົາໄມໂຄຣເວຟ
le four à micro-ondes
ເຄື່ອງຊັ່ງນ້ຳໜັກອາຫານ
la balance de cuisine
ເຄື່ອງປີ້ງເຂົ້າຈີ່
le grille-pain
ສະບູຝຸ່ນ
le détergent
ເຕົາອົບ
le four
ຊ່ອງແຊ່ງໃນຕູ້ເຢັນ
le compartiment congélateur
ຈັກລ້າງຖ້ວຍ
le lave-vaisselle
ຖັງຂີ້ເຫຍື້ອ
la poubelle

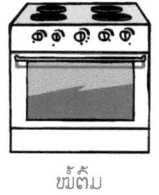

ໝໍ້ຕົ້ມ

le four

ໝໍ້

la casserole

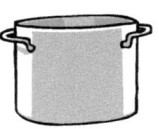

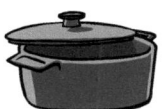

ໝໍ້ເຫຼັກຫຼໍ່

la marmite

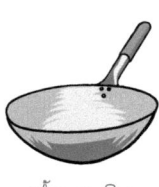

ໝໍ້ກະທະຈີນ

le wok / kadai

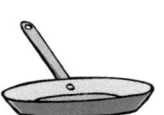

ໝໍ້ກະທະກົ້ນແບນ

la poêle

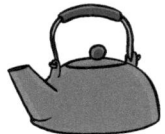

ກາຕົ້ມນ້ຳ

la bouilloire electrique

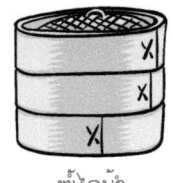

ໝໍ້ໄອນ້ຳ

le cuiseur vapeur

ຖາດອົບ

la plaque de cuisson

ເຄື່ອງຖ້ວຍຊາມ

la vaisselle

ຈອກທິ່ມ

le gobelet

ຖ້ວຍ

la coupe

ໄມ້ທູ່

les baguettes

ຈອງດ້າມຍາວ

la louche

ຕະຫຼິວ

la spatule

ເຄື່ອງຕີໄຂ່

le fouet

ກະຊອນ

la passoire

ເຄື່ອງຮ່ອນ

le tamis

ເຜົ້າກຂູດ

la râpe

ຄົກ

le mortier

ບາບີຄິວ

le barbecue

ແຄມໄຟຟາງອົບ

la cheminée

ຂຽງ

la planche à découper

ໄມ້ບົດແປ້ງ

le rouleau à pâtisserie

ເຫຼັກໄຂຄອບແກ້ວ

le tire-bouchon

ກະປ໋ອງ

la boîte

ເຄື່ອງເປີດກະປ໋ອງ

l'ouvre-boîte

ຖົງມືຈັບຂອງຮ້ອນ

les maniques

ອ່າງລ້າງຈານ

le lavabo

ແປງ

la brosse

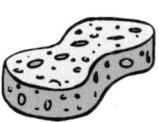

ຟອງນ້ຳ

l'éponge

ເຄື່ອງປັ່ນ

le mixeur

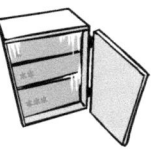

ຕູ້ແຊ່ແຂງ

le congélateur

ຂວດນົມ

le biberon

ກ໊ອກນ້ຳ

le robinet

la salle de bain

ຝັກບົວ
la douche

ເຄື່ອງທຳຄວາມຮ້ອນ
le chauffage

ຜ້າເຊັດໂຕ
la serviette

ຜ້າກັ້ງຫ້ອງນ້ຳ
le rideau de douche

ສະບູທຳຟອງ
le bain moussant

ອາງອາບນ້ຳ
la baignoire

ຈອກແກວ
le verre

ຈັກຊັກຜ້າ
la machine à laver

ກະເບື້ອງ
le carrelage

ກ໊ອກນ້ຳ
le robinet

ງ້ວຍຢ່ຽວ
le pot

ອາງລ້າງຈານ
le lavabo

ຫ້ອງສ້ວມ

les toilettes

ໂຖສ້ວມແບບນັ່ງຍອງ

la toilette à la turque

ໂຖຍ່ຽວຂອງຜູ້ຍິງ

le bidet

ໂຖຍ່ຽວຂອງຜູ້ຊາຍ

l'urinoir

ກະດາດຊຳລະທີ່ໃຊ້ໃນຫ້ອງນ້ຳ

le papier toilette

ແປງຂັດຫ້ອງນ້ຳ

la brosse à toilette

ແປງສີຟັນ

la brosse à dents

ຍາສີຟັນ

le dentifrice

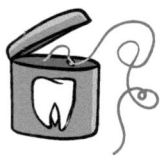

ໄໝຂັດແຂ້ວ

le fil dentaire

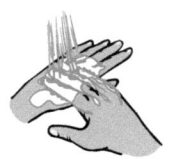

ລ້າງ

laver

ຝັກບົວອາບນ້ຳທີ່ໃຊ້ມືຈັບ

la douche manuelle

ເຄື່ອງສີດລ້າງ

la douche intime

ອ່າງລ້າງໜ້າ

la vasque

ແປງຖູຫັວ

la brosse dorsale

ສະບູ

le savon

ເຈລອາບນ້ຳ

le gel douche

ແຊມພູ

le shampooing

ຜ້າຖູໂຕນ້ອຍ

le gant de toilette

ທໍ່ລະບາຍນ້ຳເສຍ

l'écoulement

ຄິມ

la crème

ຍາດັບກິ່ນ

le déodorant

ແວ່ນແຍງ

le miroir

ແວ່ນມີຖຶ

le miroir cosmétique

ມິດແຖຫນວດ

le rasoir

ໂຟມແຖຫນວດ

la mousse à raser

ໂລຊັ່ນບຳລຸຜິວຫຼັງແຖຫນວດ

l'après-rasage

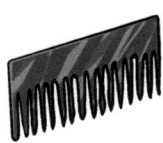

ຫວີ

la peigne

ແປງ

la brosse

ຈັກເປົ່າຜົມ

le sèche-cheveux

ສະເປຂີດຜົມ

la laque pour cheveux

ຊຸດເຄື່ອງສຳອາງ

le fond de teint

ລິບສະຕິກທາສົບ

le rouge à lèvres

ນ້ຳຢາທາເລັບ

le vernis à ongles

ສຳລີ

l'ouate

ມິດຕັດເລັບ

le coupe-ongles

ນ້ຳຫອມ

le parfum

ກະເປົ໋າອາບນ້ຳ

la trousse de toilette

ຕັ່ງສາມຂາ

le tabouret

ເຄື່ອງຊັ່ງນ້ຳໜັກ

le pèse-personne

ເສື້ອຄຸມອາບນ້ຳ

le peignoir

ຖົງມືຢາງ

les gants de nettoyage

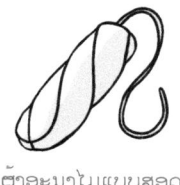

ຜ້າອະນາໄມແບບສອດ

le tampon

ຜ້າອະນາໄມ

es serviettes hygiéniques

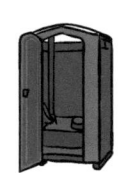

ຫ້ອງນ້ຳເຄມີ

la toilette chimique

ຫອງພັກສຳລັບເດັກນອຍ

la chambre d'enfant

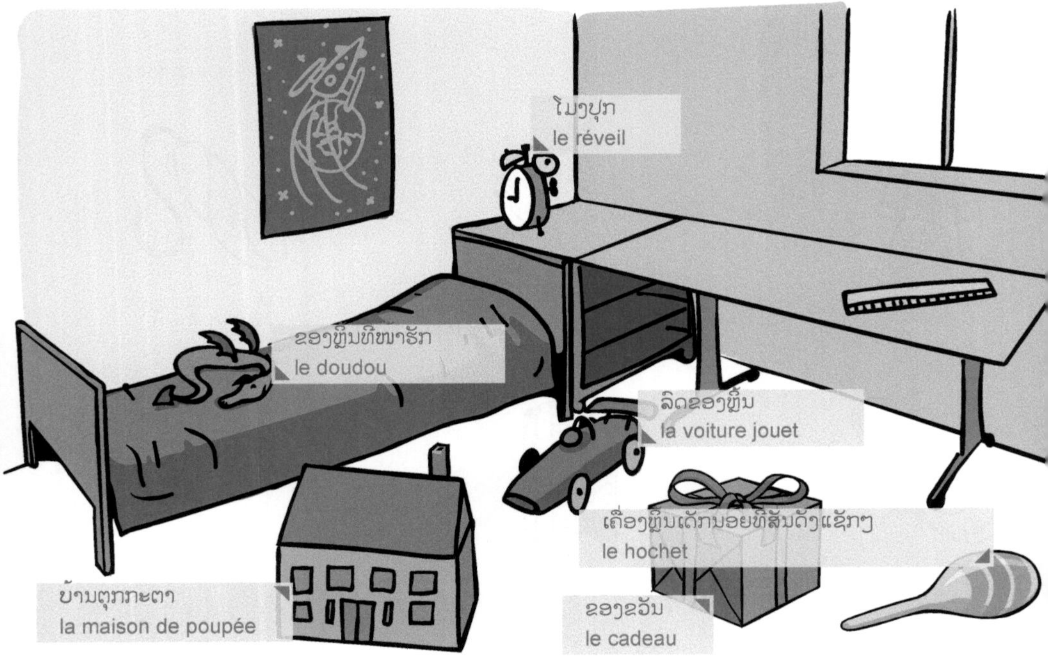

ໂມງປຸກ
le réveil
ຂອງຫຼິ້ນທີໜາຮັກ
le doudou
ລົດຂອງຫຼິ້ນ
la voiture jouet
ເຄື່ອງຫຼິ້ນເດັກນອຍທີ່ສັ່ນດັງແຊັກໆ
le hochet
ບ້ານຕຸກກະຕາ
la maison de poupée
ຂອງຂວັນ
le cadeau

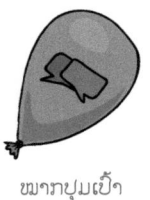

ໝາກປຸມເປົ້າ

le ballon

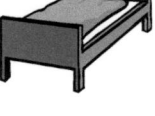

ຕຽງ

le lit

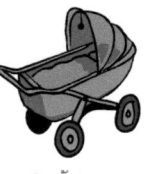

ລົດຍູ້ເດັກ

la poussette

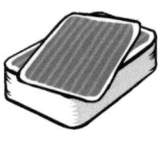

ຊຸມໄພ້

le jeu de cartes

ຈິກຊໍ

le puzzle

SUPER
MEGA

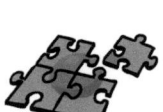

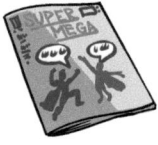

ໜັງສືກາຕູນ

la bande dessinée

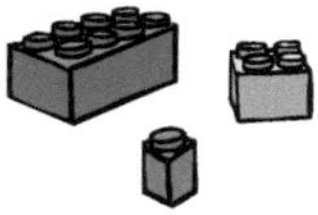

ຕົວຕໍ່ເລໂກ້

les pièces lego

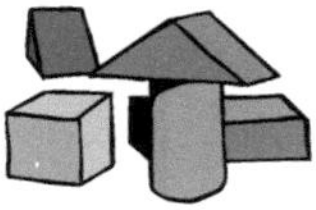

ບລັອກຂອງຫຼິ້ນ

les blocs de construction

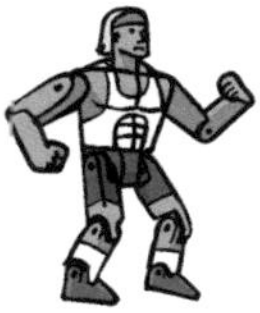

ຮູບປັ້ນທີ່ເຄື່ອນໄຫວໄດ້

la figurine

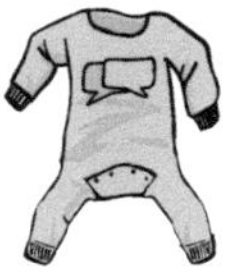

ເສື້ອຜ້າເດັກເກີດໃໝ່

la grenouillère

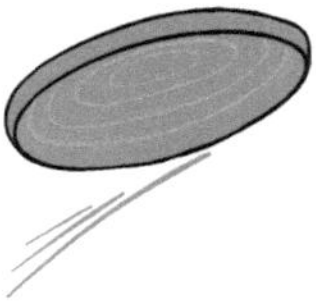

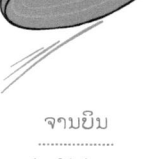

ຈານບິນ

le frisbee

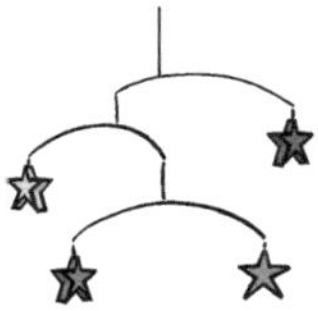

ສິ່ງທີ່ແກວ່ງໄປມາແຂວນຢູ່ເທິງຫົວ
ຕຽງເດັກນ້ອຍ

le mobile

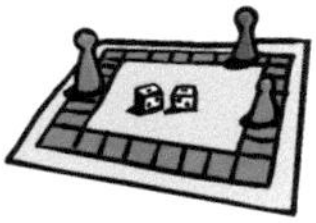

ເກມກະດານ

le jeu de société

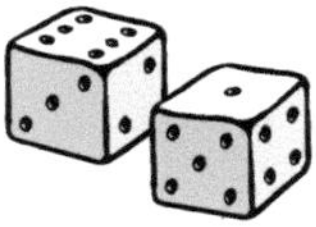

ໝາກກະລ໋ອກ

le dé

ຊຸດລົດໄຟຈຳລອງ

le train miniature

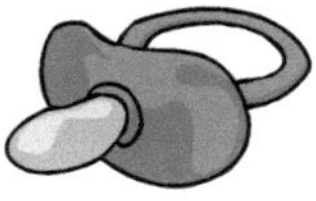

ຮູບຫຸ່ນ

la sucette

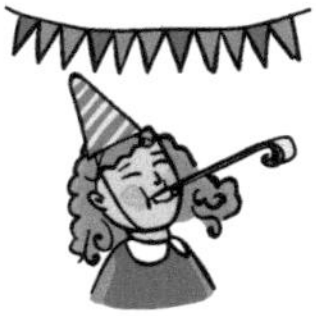

ງານລ້ຽງ

la fête

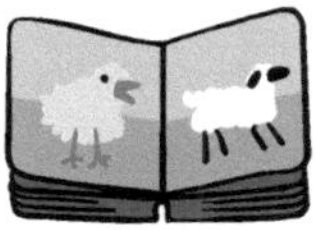

ໜັງສືພາບ

le livre d'images

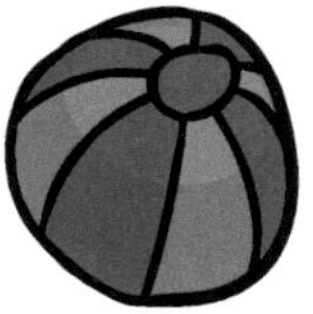

ໝາກບານ

la balle

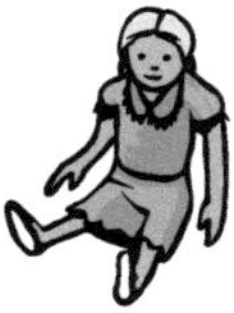

ຕຸກກະຕາ

la poupée

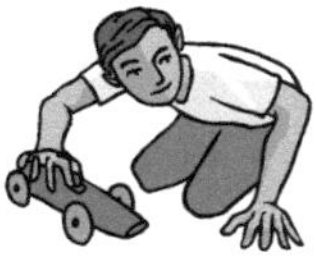

ຫຼິ້ນ

jouer

ຊຸມດິນຊາຍສຳລັບເດັກນ້ອຍຫຼິ້ນ

le bac à sable

ຊິງຊ້າ

la balançoire

ຂອງຫຼິ້ນ

les jouets

ເຄື່ອງຫຼິ້ນວິດີໂອເກມ

la console de jeu

ລົດຖີບສາມລໍ້

le tricycle

ຕຸກກະຕາໝີ

l'ours en peluche

ຕູ້ເສື້ອຜ້າ

l'armoire

ລອງເທົ້າ

les chaussettes

ຖົງເທົ້າຍາວຜູ້ຍິງ

les bas

ໂສ້ງຢືດແບບເນື້ອ

le collant

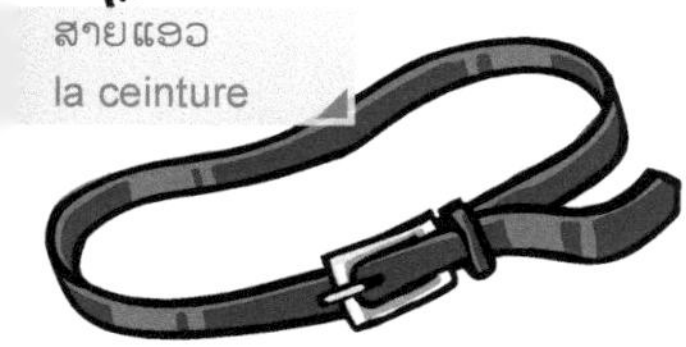

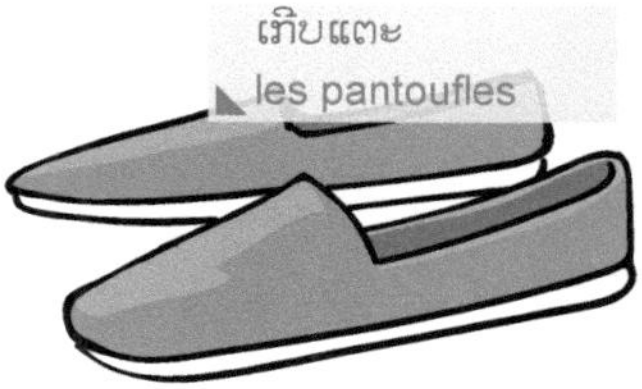

ຜ້າພັນຄໍ
l'écharpe

ຄັນຮົ່ມ
le parapluie

ສາຍແອວ
la ceinture

ເສື້ອຍືດຄໍມົນ
le t-shirt

ເກີບບູດທ
les bottes

ເກີບແຕະ
les pantoufles

ເກີບກິລາ
les baskets

ເກີບຮ້ວດຄາບ
les sandales

ເກີບ
les chaussures

ເກີບບູດທ໌ຢາງ
les bottes de caoutchouc

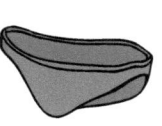

ໂສ້ງຂ້ອມໃນ
les sous-vêtements

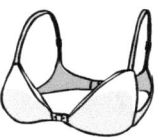

ເສື້ອຂ້ອມໃນ
le soutien-gorge

ເສື້ອມກ້າມ
le maillot de corps

ເສື້ອຜ້າ - les vêtements   45

ເສື້ອຮັດທຸ່ມ

le body

ໂສ້ງຂາຍາວ

le pantalon

ໂສ້ງຍິນ

le jean

ກະໂປ່ງ

la jupe

ເສື້ອຜູ້ຍິງ

le chemisier

ເສື້ອເຊິດ

la chemise

ເສື້ອກັນຫນາວ

le pull

ເສື້ອຖຸງມີຫມວກ

le sweat à capuche

ເສື້ອໃຫຍ່ທີ່ຕິດກາໂຊງຮຽນຫຼືກາທີ
ມາກິລາ

la veste

ເສື້ອແຈັກເກັດ

la veste

ເສື້ອນອກ

le manteau

ເສື້ອກັນຝົນ

l'imperméable

ເຄື່ອງແຕ່ງກາຍ

le costume

ກະໂປ່ງ

la robe

ຊຸດແຕ່ງງານ

la robe de mariée

ເສື້ອສູດ

le costume

ຊຸດລາຕິ

la chemise de nuit

ຊຸດນອນ

le pyjama

ຊຸດຊາຣິ

le sari

ຜ້າຄຸມຫົວ

le foulard

ຜ້າພັນຫົວ

le turban

ເສື້ອບຸຣຸເກາະ

la burqa

ເສື້ອຄຸມຄາຟຕານ

le caftan

ເສື້ອຄຸມອາບາຢາ

l'abaya

ຊຸດລອຍນ້ຳ

le maillot de bain

ໂສ້ງໃສ່ລອຍນ້ຳ

le maillot de bain

ໂສ້ງຂາສັ້ນ

le short

ຊຸດອອມ

la tenue d'entraînement

ຜ້າກັນເປື້ອນ

le tablier

ຖົງມື

les gants

ກະດຸມ

le bouton

ແວ່ນຕາ

les lunettes

ປອກແຂນ

le bracelet

ສ້ອຍຄໍ

le collier

ແຫວນ

la bague

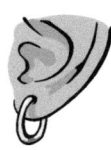

ຕຸ້ມຫູ

la boucle d'oreille

ໝວກແກັບ

le bonnet

ກ້າແຂນເສື້ອນອກ

le cintre

ໝວກ

le chapeau

ກາລະຫວັດ

la cravate

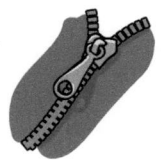

ຊິບ

la fermeture éclair

ໝວກກັນກະທົບ

le casque

ສາຍໂຍງໂສ້ງ

les bretelles

ຊຸດນັກຮຽນ

l'uniforme scolaire

ເຄື່ອງແບບ

l'uniforme

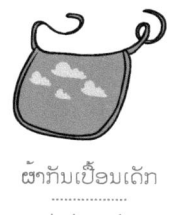

ຜ້າກັນເປື້ອນເດັກ

le bavoir

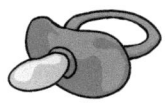

ຮູບຫຸ່ນ

la sucette

ຜ້າອ້ອມ

la lange

ຫ້ອງການ

le bureau

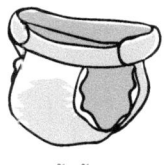

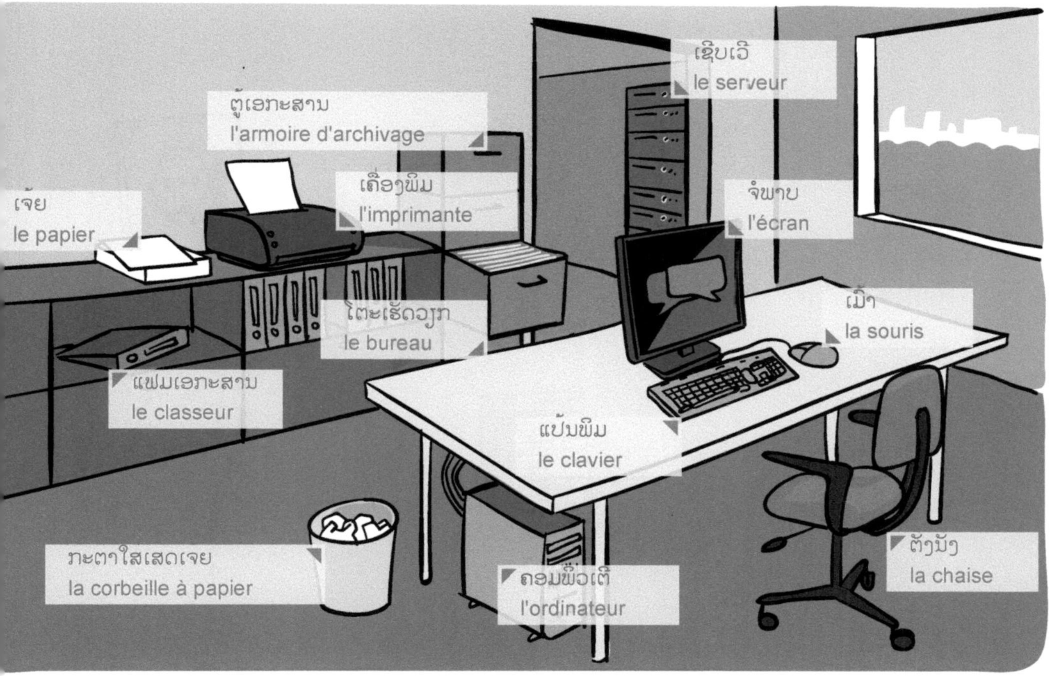

ຕູ້ເອກະສານ
l'armoire d'archivage
ເຊີບເວີ
le serveur
ເຈ້ຍ
le papier
ເຄື່ອງພິມ
l'imprimante
ຈໍພາບ
l'écran
ໂຕະເຮັດວຽກ
le bureau
ເມົາ
la souris
ແຟ້ມເອກະສານ
le classeur
ແປ້ນພິມ
le clavier
ກະຕາໃສ່ເສດເຈ້ຍ
la corbeille à papier
ຄອມພິວເຕີ
l'ordinateur
ຕັ່ງນັ່ງ
la chaise

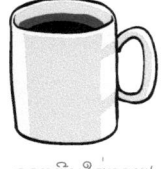

ຈອກຫີນໃສ່ກາເຟ

la tasse de café

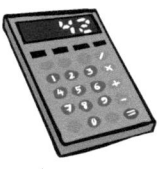

ເຄື່ອງຄິດເລກ

la calculatrice

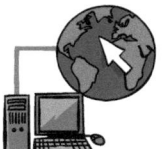

ອິນເຕີເນັດ

l'internet

ຄອມພິວເຕີແລັບທ໊ອບ

l'ordinateur portable

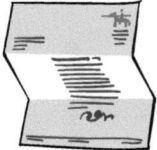

ຈິດໝາຍ

la lettre

ຂໍ້ຄວາມ

le message

ໂທລະສັບມືຖື

le portable

ເຄືອຂ່າຍ

le réseau

ເຄື່ອງຖ່າຍເອກະສານ

la photocopieuse

ຊອບແວ

le logiciel

ໂທລະສັບ

le téléphone

ປັກໄຟ

la prise

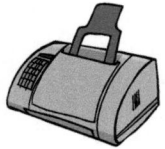

ເຄື່ອງແຟັກ

le fax

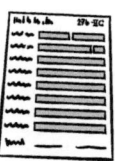

ແບບຟອມ

le formulaire

ເອກະສານ

le document

ຊື້

acheter

ຈ່າຍ

payer

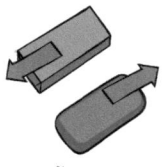

ຄ້າຂາຍ

faire du commerce

ເງິນ

la monnaie

ເງິນດອມລາ

le dollar

ເງິນຢູ່ໂຣ

l'euro

ເງິນເຢນ

le yen

ເງິນຣູເບິລ

le rouble

ເງິນຝຣັ່ງສະວິດ

le franc suisse

ເງິນຢວນເຣິນພິນບີ້

le renminbi yuan

ເງິນຣູປີ

la roupie

ເຄື່ອງສາລັບກົດເງິນສົດຈາກທະນາຄານ

le distributeur automatique

ບ່ອນແລກປ່ຽນເງິນຕາ

le bureau de change

ທອງຄຳ

l'or

ເງິນ

l'argent

ນ້ຳມັນ

le pétrole

ພະລັງງານ

l'énergie

36€

ລາຄາ

le prix

ສັນຍາ

le contrat

ພາສີ

la taxe

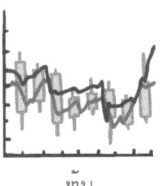

ຫຸ້ນ

l'action

ເຮັດວຽກ

travailler

ລູກຈ້າງ

l'employé

ນາຍຈ້າງ

l'employeur

ໂຮງງານ

l'usine

ຮ້ານຄ້າ

le magasin

les professions

ເຈົ້າໜ້າທີ່ຕຳຫຼວດ
l'agent de police

ພະນັກງານດັບເພີງ
le pompier

ພໍ່ຄົວ
le cuisinier

ທ່ານໝໍ
le médecin

ນັກບິນ
le pilote

ຊາວສວນ

le jardinier

ຊ່າງໄມ້

le menuisier

ຊ່າງຫຍິບຜ້າທີ່ເປັນຜູ້ຍິງ

la couturière

ຜູ້ພິພາກສາ

le juge

ນັກເຄມີ

le chimiste

ນັກສະແດງຊາຍ

l'acteur

ຄົນຂັບລົດເມປະຈຳທາງ

le conducteur de bus

ຄົນຂັບແທັກຊີ

le chauffeur de taxi

ຊາວປະມົງ

le pêcheur

ແມ່ບ້ານທຳຄວາມສະອາດ

la femme de ménage

ຊ່າງມຸງຫຼັງຄາ

le couvreur

ຄົນເສີບຂາຍ

le serveur

ນາຍພານ

le chasseur

ຊ່າງຫາສີ

le peintre

ຄົນເຮັດເຂົ້າໜົມປັງ

le boulanger

ຊ່າງໄຟຟ້າ

l'électricien

ຊ່າງກໍ່ສ້າງ

l'ouvrier

ວິສະວິກອນ

l'ingénieur

ຄົນຂາຍຊີ້ນ

le boucher

ຊ່າງນ້ຳປະປາ

le plombier

ບູລຸດໄປສະນີ

le facteur

ທະຫານ

le soldat

ສະຖາປະນິກ

l'architecte

ພະນັກງານເກັບສິດ

le caissier

ຄົນຂາຍດອກໄມ້

le fleuriste

ຊ່າງແຕ່ງຜົມ

le coiffeur

ພະນັກງານກວດປີ້ລົດ

le contrôleur

ຊ່າງສ້ອມລົດຍົນ

le mécanicien

ຜູ້ບັງຄັບການ

le capitaine

ທັນຕະແພດ

le dentiste

ນັກວິທະຍາສາດ

le scientifique

ພະໃນສາສະໜາຍິວ

le rabbin

ຜູ້ນຳຊາວມຸສລິມ

l'imam

ຖຸບາ

le moine

ນັກບວດ

le prêtre

ເຄືອງມື

les outils

ຄ້ອນຕີ
le marteau
ຄີມ
les pinces
ເຫຼັກໄຂຄວງ
le tournevis
ຄີມປາກຕາຍ
la clé
ໄຟສາຍ
la torche

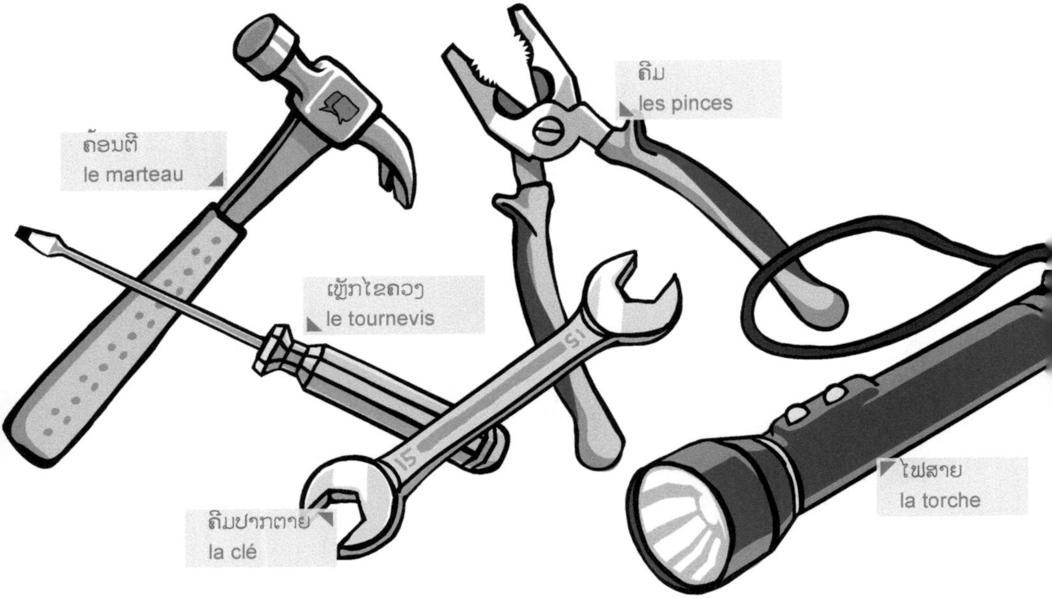

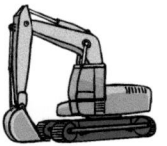

ເຄື່ອງຂູດ

la pelleteuse

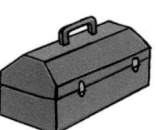

ກັບເຄື່ອງມື

la boîte à outils

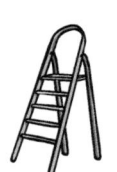

ຂັ້ນໄດ

l'échelle

ເລື່ອຍ

la scie

ຕະປູ

les clous

ເຫຼັກຊີ

la perceuse

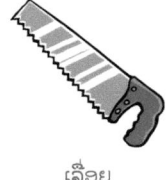

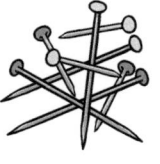

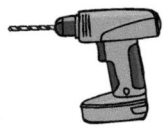

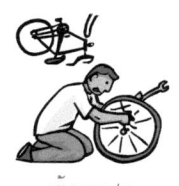

ສ້ອມແປງ

réparer

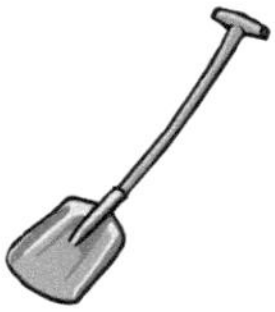

ຊວ້ານ

la pelle

ຕາຍຫ່າ!

Mince !

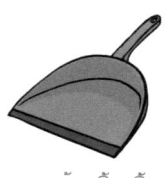

ຂອງຊວ້ານຂີ້ເຫຍື້ອ

la pelle

ຖັງສີ

le pot de peinture

ຕະປູກຽວ

les vis

ເຄື່ອງດົນຕີ

les instruments de musique

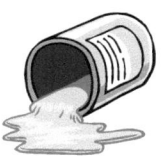

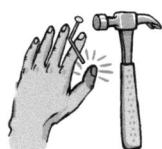

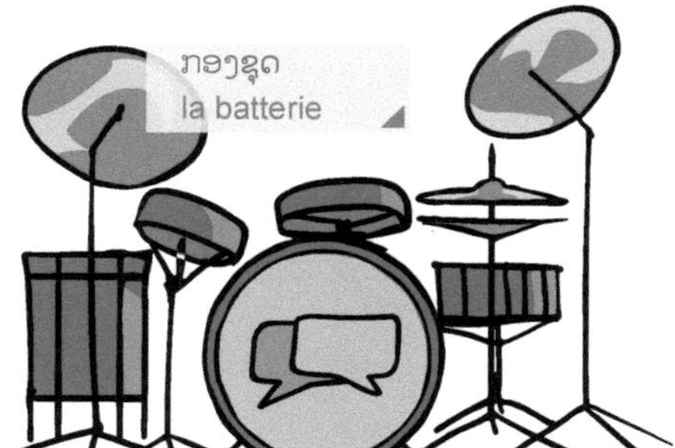

ກອງຊຸດ

la batterie

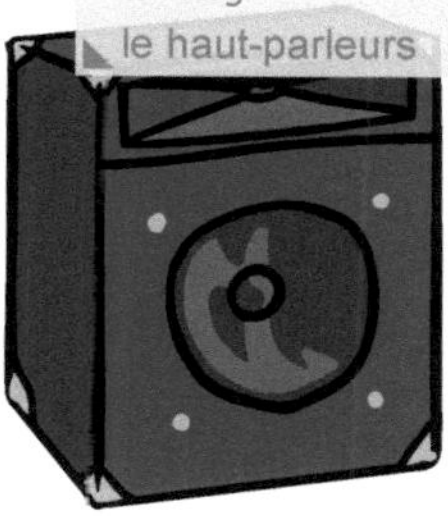

ລຳໂພງ

le haut-parleurs

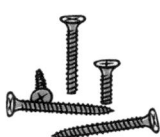

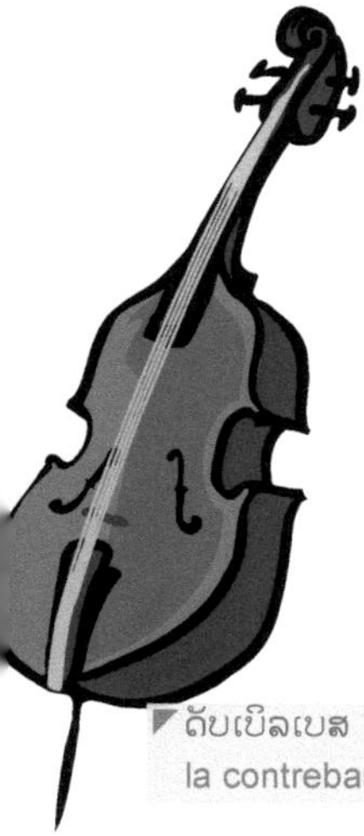

ດັບເບິລເບສ

la contrebasse

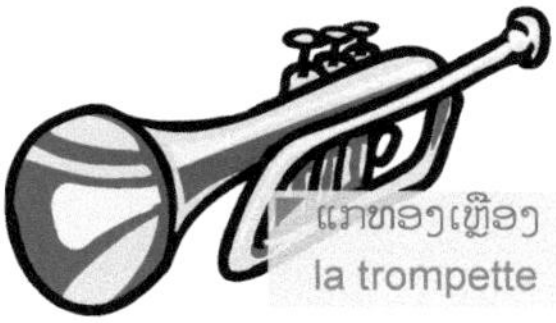

ແກທອງເຫຼືອງ

la trompette

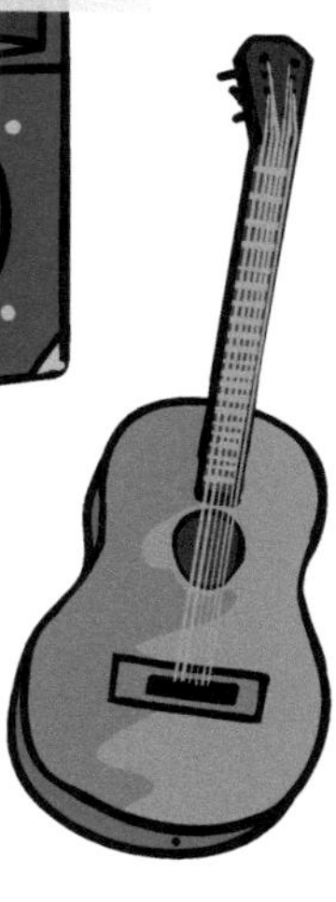

ກີຕ້າ

la guitare

ເປຍໂນ
le piano

ໄວໂອລິນ
le violon

ເບສ
la basse

ກອງທິມປານິ
les timbales

ກອງຊຸດ
le tambour

ຄີບອດ
le piano électrique

ແຊັກໂຊໂຟນ
le saxophone

ຂຸ່ຍ
la flûte

ໄມໂຄຣໂຟນ
le microphone

ເຄື່ອງດົນຕີ - les instruments de musique

ເຈື່ອ
le tigre

ທາງເຂົ້າ
l'entrée

ກົງຂັງນົກ
la cage

ມ້າລາຍ
le zèbre

ອາຫານສັດ
l'alimentation animale

ໝີແພນດ້າ
le panda

ສັດ
les animaux

ຊ້າງ
l'éléphant

ກັງກາຣູ
le kangourou

ແຮດ
le rhinocéros

ລີງໂຄນໃຫຍ່
le gorille

ໝີ
l'ours

ອູດ
....
le chameau

ນົກກະຈອກເທດ
....
l'autruche

ສິງໂຕ
....
le lion

ລີງ
....
le singe

ນົກຟລາມິງໂກ
....
le flamand rose

ນົກແກ້ວ
....
le perroquet

ໝີຂົ້ວໂລກ
....
l'ours polaire

ນົກເພັນກວິນ
....
le pingouin

ປາສະຫຼາມ
....
le requin

ນົກຍຸງ
....
le paon

ງູ
....
le serpent

ແຂ້
....
le crocodile

ຜູ້ເບິ່ງແຍງສວນສັດ
....
le gardien de zoo

ແມວນ້ຳ
....
le phoque

ເສືອຈາກົວ
....
le jaguar

ມ້າພັນມ້ອຍ

le poney

ເສືອດາວ

le léopard

ຮິບໂປ

l'hippopotame

ໂຕຈິຣາຟ

la girafe

ໝງວ

l'aigle

ໝູປ່າຕົວຜູ້

le sanglier

ປາ

le poisson

ເຕົ່າ

la tortue

ຊ້າງນ້ຳ

le morse

ໝາຈອກ

le renard

ກວາງນ້ອຍ

la gazelle

les sports

ອາເມລິກັນຟຸດບອມ
l'american Football

ຂີ່ລົດຖີບ
le cyclisme

ກິລາເທນນີ່ສ
le tennis

ບັສເກັດບອລ
le basket-ball

ກິລາລອຍນ້ຳ
la natation

ຊົກມວຍ
la boxe

ກິລາຕີຕີ່ເຕີ່ມນ້ຳແຂງ
le hockey sur glace

ກິລາເຕະບານ

le football

ກິລາຕິດອກປີກໄກ່

le badminton

ກິລາປະເພດ ແລ່ນ
ເຕັ້ນແລະແກວ່ງ

l'athlétisme

ແຮນບອລ

le handball

ກິລາສະກີ້

le ski

ກິລາໂປໂລມ້າ

le polo

les activités

ໂດດ
sauter
ກອດ
embrasser
ຫົວ
rire
ຍ່າງ
marcher
ຮ້ອງເພງ
chanter
ຝັນ
rêver
ໄຫວ້ພະ / ສວດມົນ
prier
ຈູບ
faire la bise

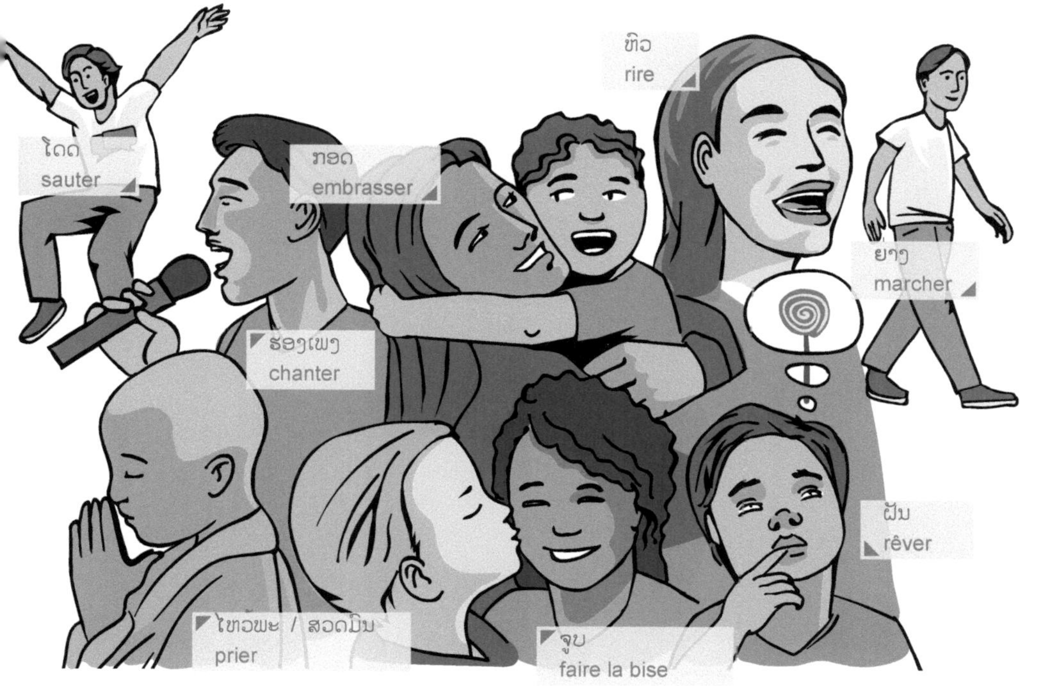

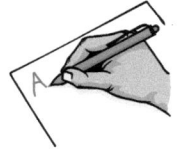

ຂຽນ
écrire

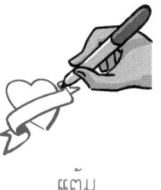

ແຕ້ມ
dessiner

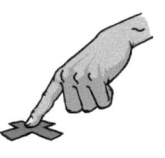

ສະແດງ
montrer

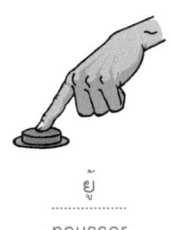

ຍູ້
pousser

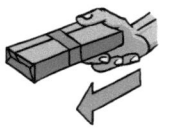

ໃຫ້
donner

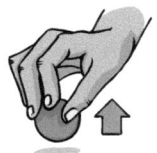

ເອົາໄປ
prendre

ມີ
....
avoir

ເຮັດ
....
faire

ເປັນ
....
être

ຢືນ
....
être debout

ແລ່ນ
....
courir

ດຶງ
....
trier

ໂຍນ
....
jeter

ລົ້ມ
....
tomber

ນອນຢຽດ
....
être couché

ລໍຖ້າ
....
attendre

ຖື
....
porter

ນັ່ງ
....
être assis

ແຕ່ງຕົວ
....
s'habiller

ນອນຫຼັບ
....
dormir

ຕື່ນນອນ
....
se réveiller

ເບິ່ງ

regarder

ຮ້ອງໄຫ້

pleurer

ລູບ

caresser

ຫວີຜົມ

peigner

ລົມ

parler

ເຂົ້າໃຈ

comprendre

ຖາມຖາມ

demander

ຟັງ

écouter

ດື່ມ

boire

ກິນ

manger

ຈັດໃຫ້ເປັນລະບຽບ

ranger

ຮັກ

aimer

ຄົວກິນ

cuire

ຂັບລົດ

conduire

ບິນ

voler

ແລ່ນເຮືອ

faire de la voile

ຄິດໄລ່

calculer

ອ່ານ

lire

ຮຽນຮູ້

apprendre

ເຮັດວຽກ

travailler

ແຕ່ງງານ

se marier

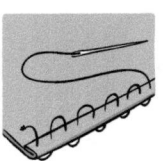

ຫຍິບ

coudre

ແປງຟັນ

brosser les dents

ຂ້າ

tuer

ສູບຢາ

fumer

ສົ່ງ

envoyer

ຄອບຄົວ
la famille

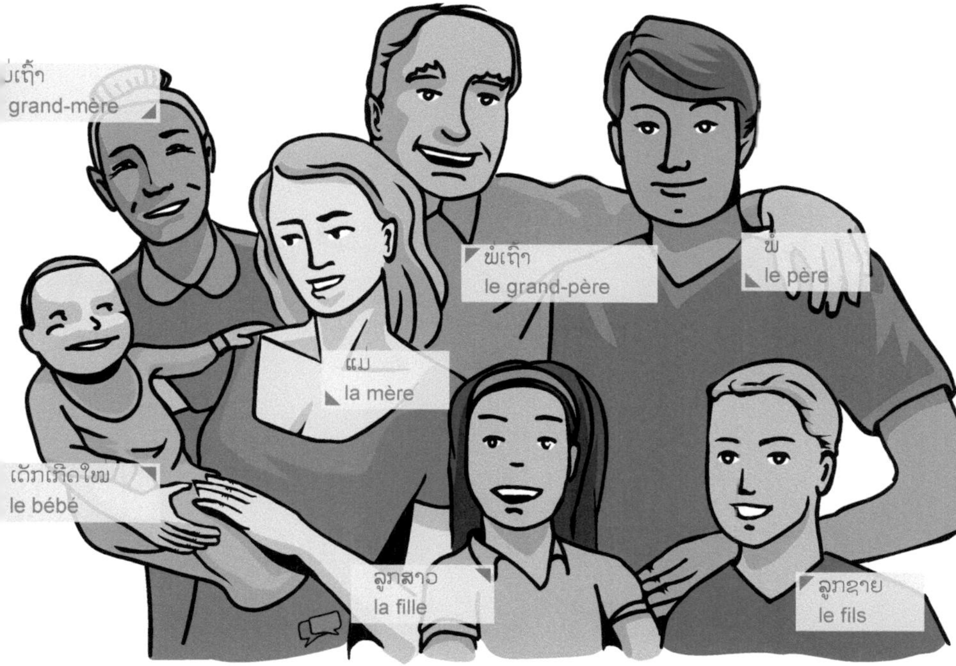
ແມ່ເຖົ້າ
grand-mère
ພໍ່ເຖົ້າ
le grand-père
ພໍ່
le père
ແມ່
la mère
ເດັກເກີດໃໝ່
le bébé
ລູກສາວ
la fille
ລູກຊາຍ
le fils

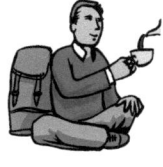

ແຂກ
l'hôte

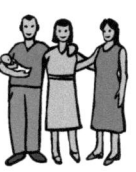

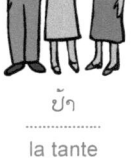

ປ້າ
la tante

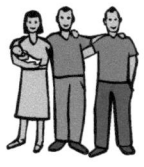

ລຸງ
l'oncle

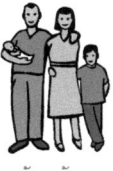

ອ້າຍນ້ອງ
le frère

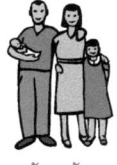

ເອື້ອຍນ້ອງ
la sœur

ຮ່າງກາຍ

le corps

ໜາຜາກ
le front
ຕາ
l'œil
ບ່າໄຫຼ່
l'épaule
ນິ້ວມື
le doigt
ໃບໜ້າ
le visage
ຄາງ
le menton
ມື
la main
ຂາ
la jambe
ໜ້າເອິກ
la poitrine
ແຂນ
le bras

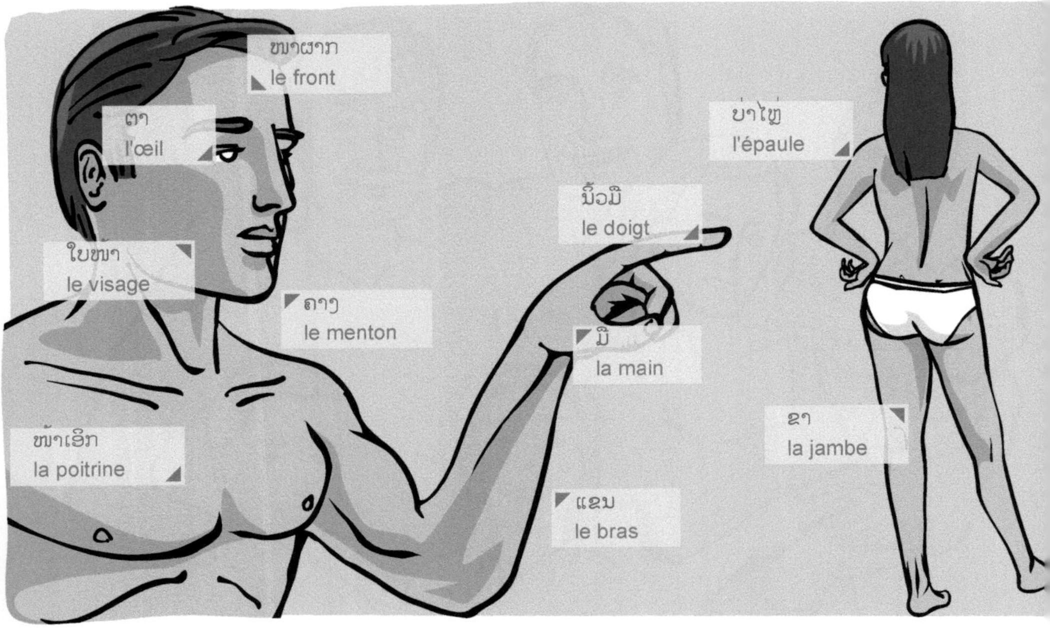

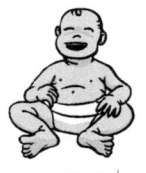

ເດັກເກີດໃໝ່

le bébé

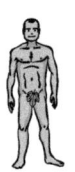

ຜູ້ຊາຍ

l'homme

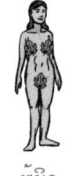

ຜູ້ຍິງ

la femme

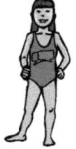

ເດັກຍິງ

la fille

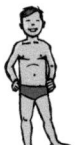

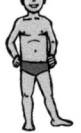

ເດັກຊາຍ

le garçon

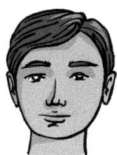

ຫົວ

la tête

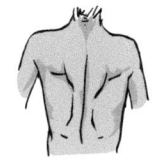

ຫຼັງ

le dos

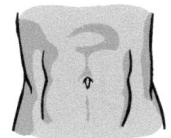

ທ້ອງ

le ventre

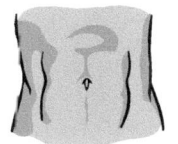

ສະບື

le nombril

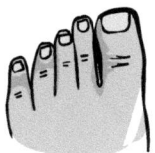

ນິ້ວຕິນ

l'orteil

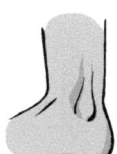

ສົ້ນຕິນ

le talon

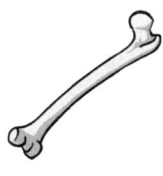

ກະດູກ

l'os

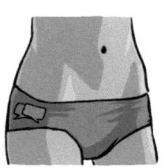

ກະໂພກ

la hanche

ຫົວເຂົ່າ

le genou

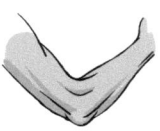

ແຂນສອກ

le coude

ດັງ

le nez

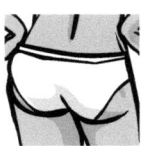

ກົ້ນ

les fesses

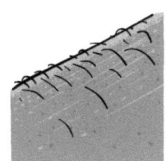

ຜິວໜັງ

la peau

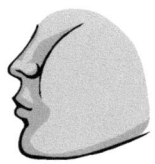

ແກ້ມ

la joue

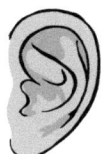

ຫູ

l'oreille

ຮິມສົບ

la lèvre

ຮ່າງກາຍ - le corps

69

ປາກ

la bouche

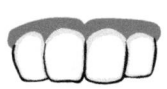

ແຂ້ວ

la dent

ລີ້ນ

la langue

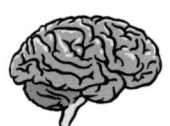

ສະໝອງ

le cerveau

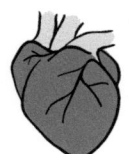

ຫົວໃຈ

le cœur

ກ້າມເນື້ອ

le muscle

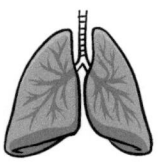

ປອດ

les poumons

ຕັບ

le foie

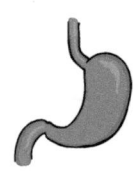

ກະເພາະ

l'estomac

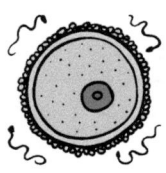

ໄຕ

les reins

ເພດສຳພັນ

le rapport sexuel

ຖົງຢາງອະນາໄມ

le préservatif

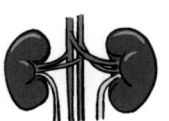

ເຊັລສືບພັນ

l'ovule

ນ້ຳອະສຸຈິ

le sperme

ການຖືພາ

la grossesse

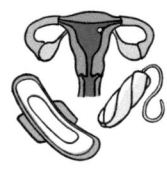

ປະຈຳເດືອນ

la menstruation

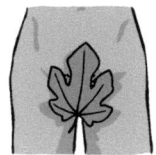

ຊ່ອງຄອດ

le vagin

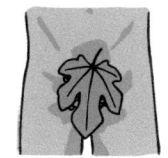

ອະໄວຍະວະເພດຊາຍ

le pénis

ຄິ້ວ

le sourcil

ເສັ້ນຜົມ

les cheveux

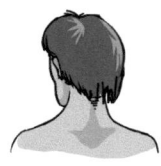

ຄໍ

le cou

ໂຮງໝໍ
l'hôpital

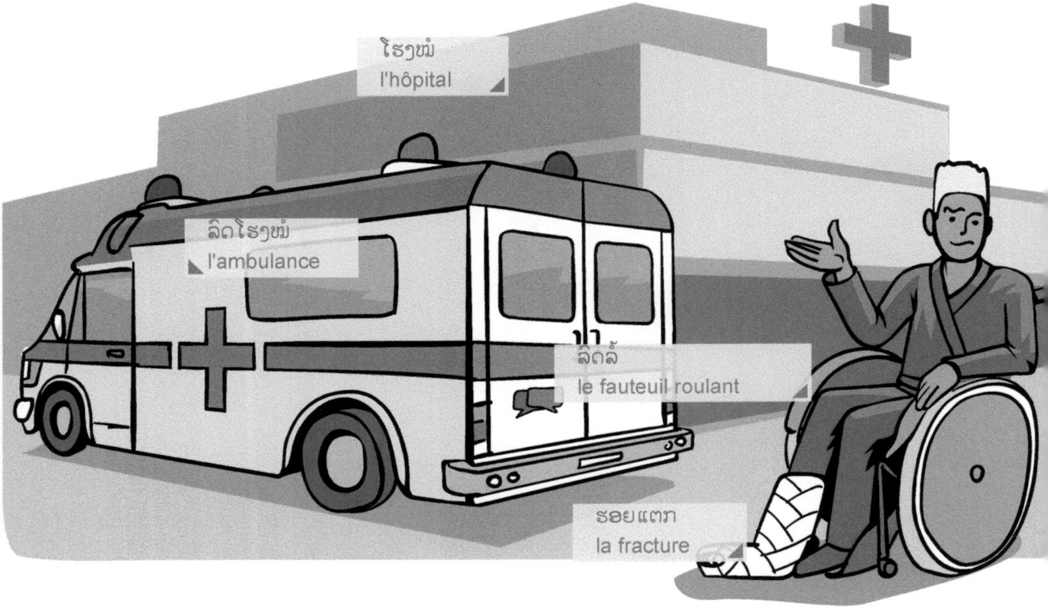

ໂຮງໝໍ
l'hôpital
ລົດໂຮງໝໍ
l'ambulance
ລົດລໍ້
le fauteuil roulant
ຮອຍແຕກ
la fracture

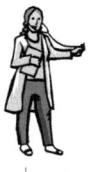

ທ່ານໝໍ

le médecin

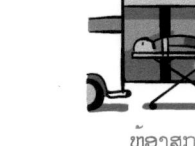

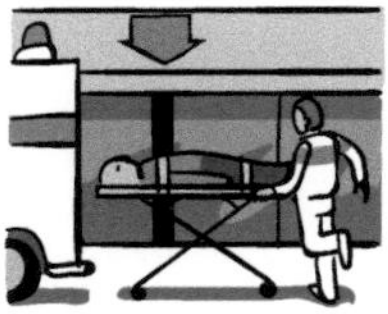

ຫ້ອງສຸກເສີນ

le service des urgences

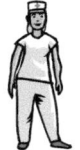

ພະຍາບານ

l'infirmière

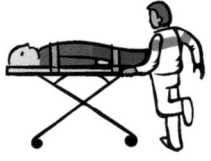

ສຸກເສີນ

l'urgence

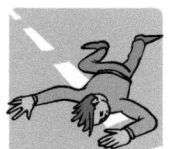

ໝົດສະຕິ

inconscient

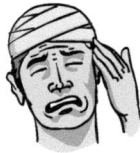

ອາການເຈັບປວດ

la douleur

ການບາດເຈັບ

la blessure

ເລືອດໄຫຼ

l'hémorragie

ຫົວໃຈວາຍ

la crise cardiaque

ໂຣກຫຼອດເລືອດໃນສະໝອງ

l'attaque cérébrale

ອາການແພ້

l'allergie

ໄອ

la toux

ໄຂ້

la fièvre

ໄຂ້ຫວັດ

la grippe

ຖອກທ້ອງ

la diarrhée

ເຈັບຫົວ

le mal de tête

ໂຣກມະເລງ

le cancer

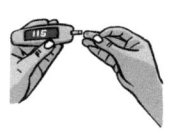

ພະຍາດເບົາຫວານ

le diabète

ໝໍຜ່າຕັດ

le chirurgien

ມີດຜ່າຕັດ

le scalpel

ການຜ່າຕັດ

l'opération

ເຄື່ອງເອັກຊເຣເຣຄອມພິວເຕີ
le CT

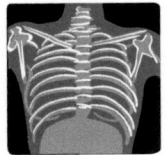

ເອັກຊ໌-ເຣ
la radiographie

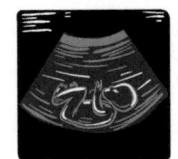

ອຸລຕຣາຊາວ (ultrasound)
l'échographie

ໜ້າກາກອະນາໄມ
le masque

ພະຍາດ
la maladie

ຫ້ອງລໍຖ້າ
la salle d'attente

ໄມ້ຄ້າຊີ້ແຣ້
la béquille

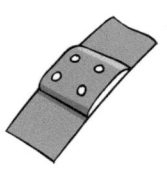

ຜ້າຍາງຕິດບາດ
le pansement

ຜ້າພັນແຜ
le pansement

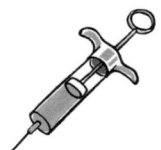

ສັກຢາ
l'injection

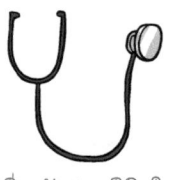

ເຄື່ອງຟັງປອດຫຼືຫົວໃຈ
le stéthoscope

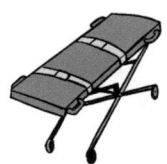

ເປຫາມຄົນເຈັບ
le brancard

ບາຫຼອດວັດໄຂ້
le thermomètre

ການເກີດ
l'accouchement

ນ້ຳໜັກເກີນ
la surcharge pondérale

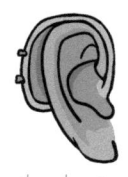

ເຄື່ອງຊ່ວຍຟັງ

l'appareil auditif

ນ້ຳຢາຂ້າເຊື້ອ

le désinfectant

ການຕິດເຊື້ອ

l'infection

ເຊື້ອໄວຣັສ

le virus

HIV / ເອດສ໌

le VIH / le sida

ຢາ

le médicament

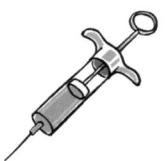

ການສັກວັກຊິນ

la vaccination

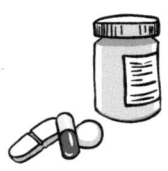

ຢາເມັດ

les comprimés

ຢາເມັດ

la pilule

ໂທອອກສຸກເສີນ

l'appel d'urgence

ເຄື່ອງວັດຄວາມດັນເລືອດ

le tensiomètre

ໄຂ້ / ສຸຂະພາບດີ

malade / sain

ຊ່ວຍດ້ວຍ!

Au secours !

ສັນຍານເຕືອນໄພ

l'alarme

ການທຳຮ້າຍຮ່າງກາຍ

l'assaut

ການໂຈມຕີ

l'attaque

ອັນຕະລາຍ

le danger

ທາງອອກສຸກເສີນ

la sortie de secours

ໄຟໄໝ້!

Au feu!

ບັ້ງດັບເພີງ

l'extincteur

ອຸປະຕິເຫດ

l'accident

ຊຸດປະຖົມພະຍາບານຂັ້ນຕົ້ນ

la trousse de premier
secours

ສັນຍານຂໍຄວາມຊ່ວຍເຫຼືອ

SOS

ຕຳຫຼວດ

la police

ເອີຣົບ

l'Europe

ອາເມລິກາເໜືອ

l'Amérique du Nord

ອາເມລິກາໃຕ້

l'Amérique du Sud

ອາຟຣິກາ

l'Afrique

ເອເຊຍ

l'Asie

ອອສເຕຣເລຍ

l'Australie

ແອດແລນຕິກ

l'Océan atlantique

ປາຊິຟິກ

l'Océan pacifique

ມະຫາສະໝຸດອິນເດຍ

l'Océan indien

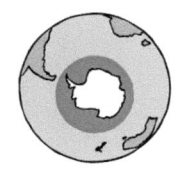

ມະຫາສະໝຸດແອນຕາຣຕິກ

l'Océan antarctique

ມະຫາສະໝຸດອາກຕິກ

l'Océan arctique

ຂົ້ວໂລກເໜືອ

le Pôle nord

ຂົ້ວໂລກໃຕ້

le Pôle sud

ແອນຕາຣຕິກາ

l'Antarctique

ໂລກ

la terre

ດົງ

le pays

ທະເລ

la mer

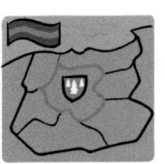

ເກາະ

l'île

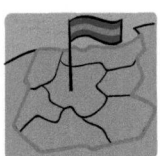

ຊາດ / ປະເທດຊາດ

la nation

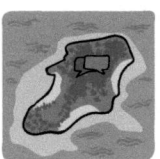

ລັດ

l'état

ໜ້າປັດໂມງ

le cadran

ເຂັມໂມງ

l'aiguille des heures

ເຂັມນາທິ

l'aiguille des minutes

ເຂັມວິນາທິ

l'aiguille des secondes

ຈັກໂມງແລ້ວ?

Quelle heure est-il ?

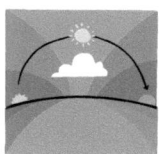

ວັນ

le jour

ເວລາ

le temps

ຕອນນີ້

maintenant

ໂມງດິຈິຕອລ

la montre digitale

ນາທິ

la minute

ຊົ່ວໂມງ

l'heure

la semaine

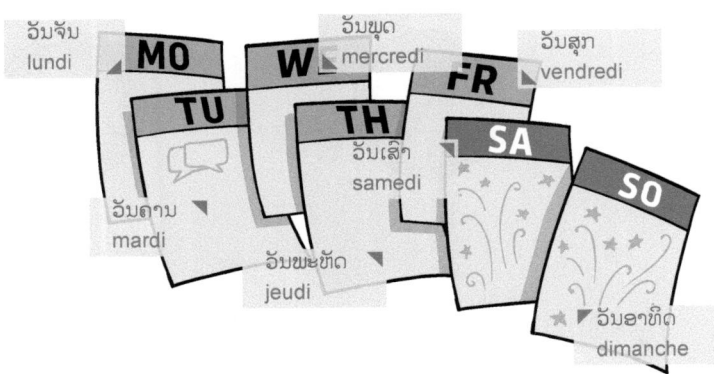

ອັນຈັນ
lundi

ອັນພຸດ
mercredi

ອັນສຸກ
vendredi

ອັນຄານ
mardi

ອັນເສົາ
samedi

ອັນພະຫັດ
jeudi

ອັນອາທິດ
dimanche

ມື້ວານນີ້
....
hier

ມື້ນີ້
....
aujourd'hui

ມື້ອື່ນ
....
demain

ຕອນເຊົ້າ
....
le matin

ຕອນທ່ຽງ
....
le midi

ຕອນແລງ
....
le soir

ອັນເຮັດວຽກ
....
les jours ouvrables

ທ້າຍສັບປະດາ
....
le week-end

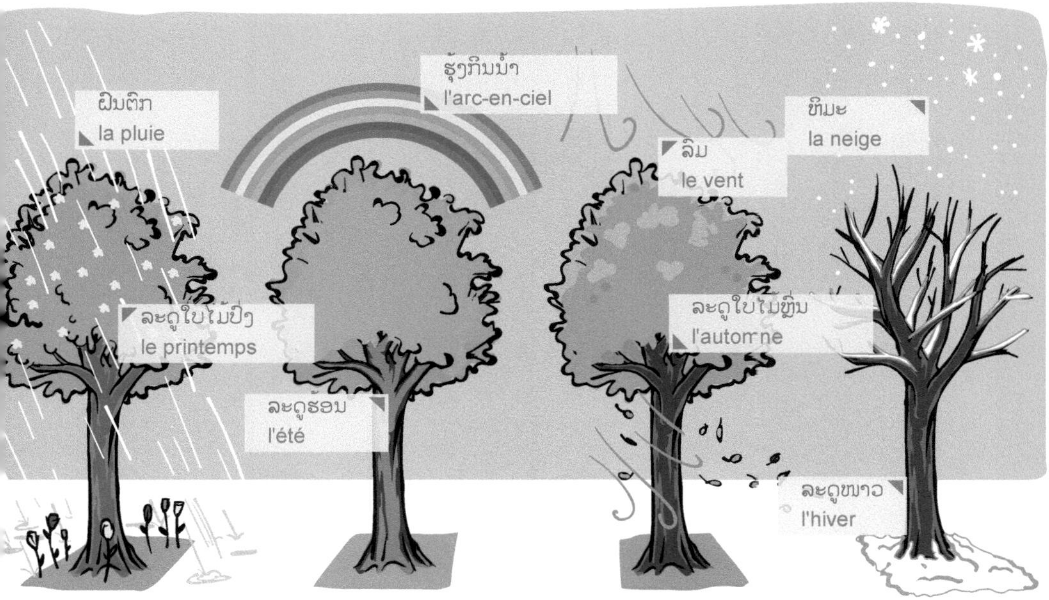

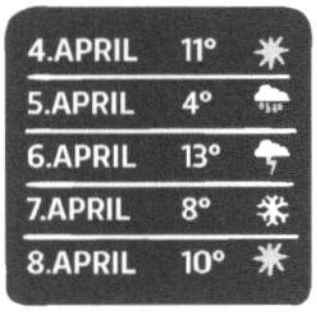

l'année

ฝົນຕົກ
la pluie

ຮຸ້ງກິນນ້ຳ
l'arc-en-ciel

ລົມ
le vent

ຫິມະ
la neige

ລະດູໃບໄມ້ປົ່ງ
le printemps

ລະດູໃບໄມ້ຫຼົ່ນ
l'automne

ລະດູຮ້ອນ
l'été

ລະດູໜາວ
l'hiver

4.APRIL	11°	☀
5.APRIL	4°	⛅
6.APRIL	13°	🌧
7.APRIL	8°	❄
8.APRIL	10°	☀

ການພະຍາກອນອາກາດ

la météo

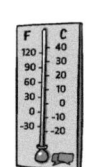

ເຄື່ອງວັດອຸນຫະພູມ

le thermomètre

ແສງແດດ

la lumière du soleil

ຂີ້ເຝື່ອ

le nuage

ໝອກ

le brouillard

ຄວາມຊຸ່ມ

l'humidité

ສາຍຟ້າແມບ

la foudre

ຟ້າຮ້ອງ

la tonnerre

ພະຍຸ

la tempête

ໝາກເຫັບ

la grêle

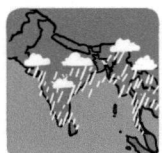

ລົມມໍລະສຸມ

la mousson

ນ້ຳຖ້ວມ

l'inondation

ນ້ຳກ້ອນ

la glace

ມັງກອນ

janvier

ກຸມພາ

février

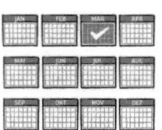

ມີນາ

mars

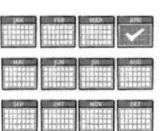

ເມສາ

avril

ພຶດສະພາ

mai

ມິຖຸນາ

juin

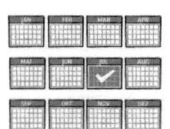

ກໍລະກົດ

juillet

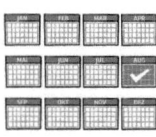

ສິງຫາ

août

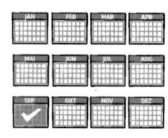

ກັນຍາ
....
septembre

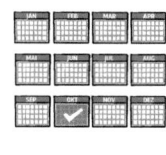

ຕຸລາ
....
octobre

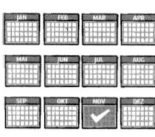

ພະຈິກ
....
novembre

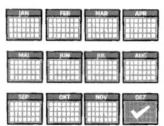

ທັນວາ
....
décembre

ວົງມົນ
....
le cercle

ສີ່ຫຼ່ຽມ
....
le carré

ຮູບສີ່ຫຼ່ຽມມຸມສາກ
....
le rectangle

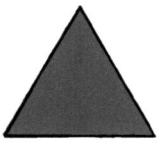

ສາມຫຼ່ຽມ
....
le triangle

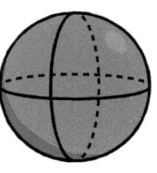

ໝ່ວຍກົມ
....
la sphère

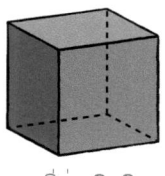

ຮູບສີ່ຫຼ່ຽມມິນທົນ
....
le cube

les couleurs

ສີຂາວ

blanc

ສີເຫຼືອງ

jaune

ສີສົ້ມ

orange

ສີບົວ

rose

ສີແດງ

rouge

ສີມ່ວງ

violet

ສີຟ້າ

bleu

ສີຂຽວ

vert

ສີນ້ຳຕານ

marron

ສີເທົາ

gris

ສີດຳ

noir

ຫຼາຍ / ນ້ອຍ

beaucoup / peu

ໃຈຮ້າຍ / ໃຈເຢັນ

fâché / calme

ງາມ / ຂີ້ຮ້າຍ

joli / laid

ການເລີ່ມຕົ້ນ / ການສິ້ນສຸດ

le début / la fin

ໃຫຍ່ / ນ້ອຍ

grand / petit

ແຈ້ງ / ມືດ

clair / obscure

ນ້ອງຊາຍຫຼືອ້າຍ /
ນ້ອງສາວຫຼືເອື້ອຍ

frère / soeur

ສະອາດ / ເປື້ອນ

propre / sale

ສຳເລັດ / ບໍ່ສຳເລັດ

complet / incomplet

ກາງວັນ / ກາງຄືນ

le jour / la nuit

ຕາຍ / ມີຊີວິດ

mort / vivant

ກວ້າງ / ແຄບ

large / étroit

ກິນໄດ້ / ກິນບໍ່ໄດ້

comestible / incomestible

ຂີ້ຮ້າຍ / ໃຈດີ

méchant / gentil

ຫ້າຕື່ນເຕັ້ນ / ຫ້າເບື່ອ

excité / ennuyé

ອ້ວນ / ຈ່ອຍ

gros / mince

ທຳອິດ / ສຸດທ້າຍ

le premier / le dernier

ເພື່ອນ / ສັດຕູ

l'ami / l'ennemi

ເຕັມ / ວ່າງເປົ່າ

plein / vide

ແຂງ / ນຸ້ມ

dur / souple

ໜັກ / ເບົາ

lourd / léger

ຄວາມຫິວ / ຄວາມຫິວນ້ຳ

faim / soif

ໄຂ້ / ສຸຂະພາບດີ

malade / sain

ຜິດກົດໝາຍ / ຖືກກົດໝາຍ

illégal / légal

ສະຫຼາດ / ໂງ່

intelligent / stupide

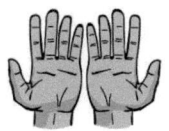

ຊ້າຍ / ຂວາ

gauche / droite

ໃກ້ / ໄກ

proche / loin

ໃໝ່ / ໃຊ້ແລ້ວ

nouveau / usé

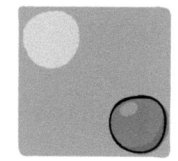

ບໍ່ມີຫຍັງ / ບາງສິ່ງບາງຢ່າງ

rien / quelque chose

ແກ່ / ໜຸ່ມ

vieux / jeune

ເປີດ / ປິດ

marche / arrêt

ເປີດ / ປິດ

ouvert / fermé

ງຽບ / ດັງ

faible / fort

ຮັ່ງມີ / ຍາກຈົນ

riche / pauvre

ຖືກ / ຜິດ

correct / incorrect

ບໍ່ລຽບ / ລຽບ

rugueux / lisse

ໂສກເສົ້າ / ດີໃຈ

triste / heureux

ສັ້ນ / ຍາວ

court / long

ຊ້າ / ໄວ

lent / rapide

ປຽກ / ແຫ້ງ

mouillé / sec

ອິບອຸ່ນ / ໜາວເຢັນ

chaud / froid

ສົງຄາມ / ສັນຕິພາບ

la guerre / la paix

0

ສູນ

zéro

1

ໜຶ່ງ

un / une

2

ສອງ

deux

3

ສາມ

trois

4

ສີ່

quatre

5

ຫ້າ

cinq

6

ຫົກ

six

7

ເຈັດ

sept

8

ແປດ

huit

9

ເກົ້າ

neuf

10

ສິບ

dix

11

ສິບເອັດ

onze

12

ສິບສອງ

douze

13

ສິບສາມ

treize

14

ສິບສີ່

quatorze

15

ສິບຫ້າ

quinze

16

ສິບຫົກ

seize

17

ສິບເຈັດ

dix-sept

18

ສິບແປດ

dix-huit

19

ສິບເກົ້າ

dix-neuf

20

ຊາວ

vingt

100

ໜຶ່ງຮ້ອຍ

cent

1.000

ໜຶ່ງພັນ

mille

1.000.000

ໜຶ່ງລ້ານ

le million

les langues

ພາສາອັງກິດ
....
l'anglais

ພາສາອັງກິດແບບອາເມລິກັນ
....
l'anglais américain

ພາສາຈິນແມນດາຣິນ
....
le chinois mandarin

ພາສາຮິນດິ
....
le hindi

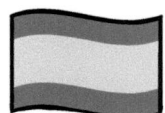

ພາສາສະເປນ
....
l'espagnol

ພາສາຝຣັ່ງເສດ
....
le français

ພາສາອາຣັບ
....
l'arabe

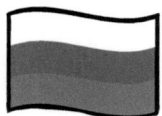

ພາສາຣັດເຊຍ
....
le russe

ພາສາປ້ອກຕຸຍການ
....
le portugais

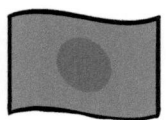

ພາສາແບງການອ
....
le bengali

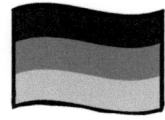

ພາສາເຍຍລະມັນ
....
l'allemand

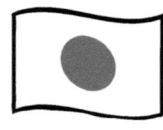

ພາສາຍີ່ປຸ່ນ
....
le japonais

ຂ້ອຍ

je

ເຈົ້າ

tu

ລາວ (ຜູ້ຊາຍ) / ລາວ (ຜູ້ຍິງ) / ມັນ

il / elle / ce, c', cela

ພວກເຮົາ

nous

ພວກເຈົ້າ

vous

ພວກເຂົາ

ils / elles

ໃຜ?

Qui ?

ແມ່ນຫຍັງ?

Quoi ?

ແນວໃດ?

Comment ?

ຢູ່ໃສ?

Où ?

ເມື່ອໃດ?

Quand ?

ຊື່

le nom

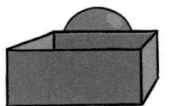

ຢູ່ທາງຫົວ

derrière

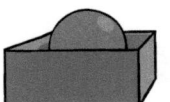

ໃນ

dans

ຢູ່ທາງໜ້າ

devant

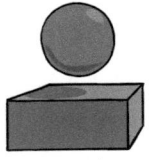

ເໜືອກວ່າ

au-dessus

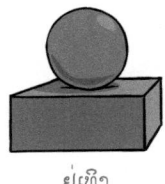

ຢູ່ເທິງ

sur

ຢູ່ກ້ອງ

en-dessous

ທາງຂ້າງ

à côté de

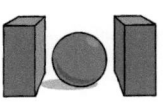

ຢູ່ລະຫວ່າງ

entre

ສະຖານທີ່

le lieu